Akëkööl Thɛɛr ke Pinynhom

Cï Atëm Yaak Atëm

keek waar yiic në Thoŋ de Jiëëŋ
Illustrated Aesop's Fables in Dinka volume one

Aesop's Fables in Dinka
Translated into Dinka by Atem Yaak Atem
Preface in English by Dr Matthew LeRiche
Illustrations by Adija Achuil
Cover Illustration by Atong Atem
Cover and graphic design by Dut Atem
Proofreading by Anna Abul Malual

This publication by Africa World Books
ISBN: 978-0-6450102-0-6

All rights reserved.
No part of this publication may be reproduced, stored in a retrieval system, stored in a database and / or published in any form or by any means, electronic, mechanical, photocopying, recording or otherwise, without the prior written permission of the publisher.
Copyright © Atem Yaak Atem 2021
Illustrations © Adija Achuil 2021

Dedication

I dedicate this work to the memories of Thepano Reng Arok and Nathan Garang Awer, my first teachers in Kongor "Bush School", who taught me to write, read and do numeracy in Dinka.

Wët Alɛɛc

Kɔc juëc aa cï ɣɛɛn kuɔny në dhɔ̈ l juëc në gäär de ye buŋ kän. Ku kɔc kerou aa ŋäär tueeŋ: Thepano Rɛŋ Arɔk ku Nathan Gäräŋ Awëër Diiŋ ɣɔn piööc ɣɛɛn në gäär, kuë n ku ciin de Arithematik në Thoŋ de Jiëëŋ ke ɣɛn tɔ̈ Dhöl de Nonthi (Junior Class Nought) në thukul de gɔ̈ c ɣɔn e tɔ̈ Pawë l, ye cɔl Kɔŋɔ̈ ɔ̈ r eya. Ku në ke run ɣɔnkë, mïth ke thukul aa ke ye gär piiny e liɛɛtic në tim de thɔ̈ u (thääu) cök. Ye timë aŋot ke kääc Pawë l në aköl e ke gäär ɣɛn ke wëlke thïn: run de 2018. Ɣɛn lec Gordon Apɛɛc Ayɔɔm ɣɔn e gät akëkööl ke Thoŋ de Jiëëŋ ku buŋ de akëkööl thɛɛr ye cɔl Cath Piiny (Cäth Piiny). Ke buɔ̈ kkë aa ca ke ɣɔn kueen në thukulic në Malek ku nhiaar keek arëët ku liepkë ɣanyin ba ya gät eya në akëkööl në köl dë t cït kë ya looi emë në.

Atëm Yaak Atëm

Yen e dhiëth piɔm (paan) ye cɔl Pakuɔ̈ ɔ̈ r, Kɔŋɔ̈ ɔ̈ r. E gɔl thukul Pawë l, paan de Kɔŋɔ̈ ɔ̈ r. Ku e cï kuen thïn në run kerou. Ku piööc ebë n e ye looi në Thoŋ de Jiëëŋ. Yeen e cï kuen në run kɔ̈ k kerou në Thukul Tueeŋ e tɔ̈ në Malek thiääk kenë Madiŋ, mɛn ye cɔl Bor.

Malek eya ayenë Thoŋ de Jiëëŋ piɔ̈ ɔ̈ c thïn agut cï dhöl de ŋuan. Thukuul kɔ̈ k cï Atëm ke kuen thïn aa ye yïï Thukul Cilic e tɔ̈ paan ye cɔl Atar, thiääk kenë Makal (Malakäl) ku Thukul de Diäk tɔ̈ në Rumbek.

Atëm e cï kuen eya në Jama de Kartuum ku yök Darja Bakalariöth në Thoŋ de Lëŋliith ku Pälthäpa në run de 1974.

Yɔn cï yen thök në kuë n, e bë n luui kenë akuma në run juëc në alaam, ke ye gär në jeridaai yiic në Juba. Ku ye kaamëic, Atëm e cï dïplomaai ke alaam kerou kueen, tök në Kartuum në run de 1977 ku dïploma de rou në Berlin, Paan de Jermeni, në run de 1978. Ku yɔn cï yen thök në kuë n në Jermeni, e bë n dhuk Juba, ku luui në ɣän ke ajuiɛɛr ke alaam kuɔ t në run juëc.

Yeen e bɛɛr dhuk në run de 1982 bï lɔ kuen në Jama de Welith (University of Wales) tɔ Paan de Biritaniya. Ku e bë n Darja de Majë thteer de Piööc (M. Ed) yök në run de 1984. Ku në ye runic eya Atëm e bë n lɔ në ka ke luɛl de baai yiic ku acï bë n yië k ajuiɛɛr de lon de jam aliiric në rediyo ku të ë ë ke yen raan muk Rediyo Athiɛlee (Radio SPLA). Ku ye lon de rediyo kenë e ye kɔc paan de Thudan ebë n ku piny nom ebë n lë k kë bïï tɔŋ ku dhöl bï yen thöök thïn të cï kɔc yɔŋ yithden yök paanden.

Në run de 1998 Atëm e kɔc ke Paan de Amerika lui në akutnom de kuɔɔny cɔl ye Theep Ɣaben (Safe Haven) piɔ ɔ c në Thoŋ de Jiëëŋ në Nairobi, Paan de Kenya. Yen akutnom kän e ye mïïth ku ka kɔ k ke kuɔɔny tuɔ c ɣän ceŋ Jiëëŋ ku kɔc kɔ k ye jam në thookken keek. Run de 1988 kɔc juëc aa ke cï thou në cɔŋdïït e cï tuɔ l Paan de Baar ɛl Gadhäl.

Në run de 2000 Atëm e rɔt bë n mät paande, mɛn cï kan lɔ Awuthtereliya në run de 1997. Ku në Awuthtereliya e lon de piööc yök ke ye ka cï keek gɔ ɔ r në Thoŋ de Lëŋliith waar yiic në Thoŋ de Jiëëŋ. Në run de 2006 Atëm e bë n ke ye dupiöny de Thoŋ de Lëŋliith në Jama de Niiukäthel (University of Newcastle), në Awuthtereliya. Ku në ye runë eya e Thoŋ de Jiëëŋ ku lon de wë ë r kɔc thook ku wë ë r de ka cï keek gɔ ɔ r piɔ ɔ c në kuliya yenë ka ke luɔi ku tëët kuɔ t piɔ ɔ c thïn. Ku ye kuliya kän atɔ të ye cɔl Gɛrɛnbil, Thitnï, Awuthtereliya (Granville TAFE, Sydney, Australia).

Yeen emë në arë ë r në Awuthtereliya ku alui ke gäär buɔ k në Thoŋ de Lëŋliith ku kɔ k në Thoŋ de Jiëëŋ. Alui eya kenë ɣän kuɔ t ke ajuiir yenë ka cï gɔ ɔ r në Thoŋ de Lëŋliith waar yiic në Thoŋ de Jieeŋ.

Cï Atëm Yaak Atëm
keek waar yiic në Thoŋ de Jiëëŋ
Illustrated Aesop's Fables in Dinka, volume one

PREFACE

During my life I have been involved in several occupational, cultural and leisure pursuits, one of the most rewarding has been to teach[1] the Dinka language, which is spoken by the Dinka people of South Sudan. One of the problems which faced me while teaching the language was the dearth of teaching and reading material as the few available works were mostly translated copies of the Bible and other religious books, most of which were produced by missionaries and the Church. So I embarked on the goal of translating some key works into Dinka, which could be useful for teachers and students of the language but also out of the pure desire for great classics to be available in my mother tongue, especially for readers who have not had the benefit of accessing them in English, Arabic or any other language.

Some of the earliest stories that I was told in English and Arabic were those of Aesop. His fables resonated with me and struck me as similar to the parable and tales often used by Dinka elders to teach lessons and morals- particularly aphorisms called keng (kë ŋ) to the youth and even to explain major decisions and actions by leaders.

Over the centuries the fables of Aesop have been translated into most of the world's languages, but not Dinka, so I felt it important that one of the most widely available stories be accessible to a Dinka audience. Some of the most important volumes of museum and library collections contain early translations of the famous lesson stories of Aesop from the early Greek versions. Some of these stories are thought to have informed many of the great ancient philosophers from Aristotle and Plato to Herodotus, best known as the father of history. From the writings of these philosophers the oral fables (logoi) have become an important part of the modern written record. The importance of some of mankind treasures has compelled me to that I should translate them into the Dinka language. Few major works have been translated into Dinka save for the Bible and some other major texts, primarily translated for the purposes of the Church and its missionary activities throughout Dinka areas. Aesop's fables are one of the earliest works using storytelling to teach important lessons on strategy, life and philosophy and thus it was clear this should be one of the first works I have translated into Dinka.

Many think of Aesop's fables as stories for children with simple lessons such as patience in the Tortoise and the Hare fable. However, Aesop was not speaking to children in his fables but to leaders and thinkers expressing key philosophical issues and strategic dilemmas of the day. Reducing complicated political and social or even military situations into simple fable Aesop's stories became regarded as key to learning throughout much of the ancient world. This is also why the stories were translated into so many languages around the world.

After many years working in the media and later as a translator, combined with an education focusing on the ethics of translation and communication, I am happy to have contributed to the body of great works in print in Dinka. In so doing, I hope that the great tales of Aesop can now be enjoyed by the Dinka audience and that people interested in the Dinka language can use this translated work to help them learn the lyrical Dinka language.
The life of Aesop

Scholars and historians tend to accept that the man known as Aesop lived in the sixth century BCE [2] (c.6 20-564 BCE), although there is little known for certain about his life. By many accounts he was probably a slave since by the fifth century most scholars and philosophers were already referring to this key element in the story of the life of Aesop.[3]

A slave whose stories and logic were so compelling that he bested his masters and became famous, Aesop's tales were used by many great philosophers to explain natural phenomena and comment on strategic and other calculations. Philosophers including Plato, Socrates, Aristotle and Herodotus, all engaged with Aesop's fables as tools to explain logic and strategic thinking. Fables are also used as key rhetorical devices to make political and other arguments. The modern Aesop, to whom a multitude of fables are attributed, was an invention of many years of the stories being passed on, elaborated and likely added to and have become more tailored towards children and imparting moral lessons.[4]

[1] The first time when Atem taught Dinka as a subject was in 1998 when he was teaching some members of the American Safe Haven, which were based in Nairobi, Kenya. That was at the time the charity NGO was delivering relief supplies to the population of Northern Bahr el Ghazal during that year's famine. In 2006, Atem was teaching Dinka language as well as methodology and ethics of interpreting and translation at the Granville TAFE (Technical and Further Education), Sydney, NSW, Australia.

[2] BCE: Before our Current Era.

[3] Leo Groarke "The Life of Aesop: A Concise Biography", available on http://www.fairytalescollection.com/Aesop/AesopBiography.aspx, accessed June 9, 2013. [1]

[4] See the Introduction of Aesop, Aesop The Complete Fables (New York: Penguin, 2003)
Leo Groarke "The Life of Aesop: A Concise Biography", available on http://www.fairytalescollection.com/Aesop/AesopBiography.aspx, accessed June 9, 2013.

Acknowledgments

In the writing and production of this work, I have received help of different nature from colleagues, friends and members of family. First, I am grateful to my friend Dr Matthew LeRiche, who during the time he was writing his magisterial book, South Sudan: From Revolution to Independence, in Juba in 2010 he used to volunteer as a copy editor, polishing some of my lengthy features. A couple of years later when he learned I was preparing to translate some of Aesop's fables into Dinka, he immediately offered to write the piece appearing here as the Preface. There is no better way to thank him other than to express that in the language of his in laws: Yïn ca leec arëët Mony e Nya (thank you very much, brother in law), as the Dinka say.

I owe a lot, like many African children raised in rural areas, to the girls and boys of my age from my native Pakuoor village, southern Upper Nile province at the time, and some of the relatives, now anonymous, invisible and scattered all over the globe, who sometimes spent time in our home as children accompanying their parents as visitors to our home. As a gesture of respect, guests were not allowed to get involved in chores or running errands for their hosts. That "prohibition", however, did not extend to storytelling. Visitors' tales were always virtually new and enriching. From these varied sources, I developed the love of listening to story, crafting and telling it. Sadly, I have lost track of nearly all of them; some through inevitable separation life has imposed on us, while others are unfortunately no longer alive today.

As far as the technical aspects of these fables are concerned, my son Dut and my daughter Atong, my friend Adija Achuil, the famous South Sudanese cartoonist, have made this work to be what it is: beautifully illustrated and produced.

I am thankful to my wife, Anna Abul Malual, for her constant encouragement. In addition to that, she helped with proofreading the final Dinka text. Always, my son Jido, was my computer fundi (handyperson). My friend and linguist Abdon Agaw Jok was kind enough to answer (over the phone from his home in Canberra) my often difficult questions relating to matters syntactical in Dinka, a contribution that has improved some of the Dinka sentences, which without his expert advice would have been unwieldy. I must add my gratitude to him for what we had to make of the longest words in Dinka- four syllables- "elantöŋtë i". Despite that we concur that the adverb for "immediately" is rather archaic and rarely used theses days, we agreed there would be no harm to apply it where and when applicable. This time-modifier appears several times in some of the fables in this book. Thanks are also due to my colleague, Victor Lugala, for extending his moral support to the project. As is the custom, I have to state that any shortcomings in the book, whether it concerns the choice of disputed vocabulary or length of sentences, I take responsibility for all that.

Note: More fables selected from Aesop- also with illustrations- will be published after this book. This is volume one of selected Aesop's Fables in Dinka.

Ka tɔ̈ thïn

Apäm	Page
1. Wë t Tueeŋ	Introduction .1
2. Raan ku Wë tke	The Father and his Sons .2
4. Ruk Löth Burɔ Yeth	Belling the Cat .4
6. Gɔl ku Dan Amääl	The Wolf and the Lamb .6
8. Jö ku Atïmde	The Dog and his Shadow .8
10. Monydït ku Thou	The Old Man and Death .10
9. Raan, Wënde ku Akajaden	The Man, His Son and their Donkey .9
12. Raan cï Nom-baar ku Luaŋ	The Bald Man and the Fly .12
13. Thɔn Ajïth ku Ayöm	The Cock and the Jewel .13
14. Awan ku Atok	The Fox and the Stork .14
16. Awan ku Thɔ̈ k	The Fox and the Goat .16
18. Kuëi ku Yuith	The Eagle and the Arrow .18
19. Aŋui ku Dan Thɔ̈ k	The Wolf and the Kid .19
20. Köör cï Dhiɔp	The Sick Lion .20
22. Nya ku Ajiöm de Ca	The Girl and the Milk Pail .22
24. Tëŋ yenë Köör Tek	The Lion's Share .24
26. Gɔl ku Awet	The Wolf and the Crane .26
28. Tik ku Aröŋ de Miäu	The Old Woman and the Wine Jar .28

Contents

Apäm	Page
30. Awan ku Gak	The Fox and the Crow .30
32. Raan ku Këröör	The Man and the Serpent .32
34. Raan ku Rok	The Man and the Wood .34
36. Raan ye Tuŋ Kooth	The Trumpeter Taken War Prisoner .36
38. Kuur Räp	The Mountain in Labour .38
40. Alïïk, Diɛt ku Läi	The Bat, the Birds and the Animals .40
42. Awan ku Akumnyin	The Fox and the Mask .42
44. Miɔɔr ku Aguek	The Ox and the Frog .44
46. Loŋ Rɔɔk ku Loŋ Baai Ayeer	The Town Mouse and the Country Mouse .46
48. Köör ku Lok	The Lion and the Mouse .48
50. Andorokelïïth	Androcles .50
52. Wëër de Riŋ Biɔl kenë Areu	The Hare and the Tortoise .52
54. Wë t cï mat thïn	Appendix .54
64. Buɔ̈k bï kueen	References .64

Akëkööl Thɛɛr ke Pinynhom

Cï Atëm Yaak Atëm

keek waar yiic në Thoŋ de Jiëëŋ
Illustrated Aesop's Fables in Dinka volume one

WËT TUEEŊ   *INTRODUCTION*

Akëkööl thɛɛr ke Jiëëŋ
Raan e dhiëth ku dïit baai, paan de Jiëëŋ, akën nom määr në pïir ku ciɛɛŋ e ceŋë piny në ke akölkë. Ɣɔn ku cï piny cuɔl, cï yɔ̈ k ciɛɛr luɛɛk ku cï kɔc cam në mië th athë i, ku ye kööl cïn deŋ, ke kɔc aa ke ye nyuc aɣeer, bï röör rëër tëden, në dhiën kɔ̈ u, bïkë aburɔ mat etë ë n. Mïth kenë diäär aa ke ye rëër e ke cï buɔ̈ ɔ̈ r gɔ̈ ɔ̈ l piny.

Gɔl në thaa dherou thëëi agut cï thaa bë t, kɔc aa ke lɔ në yän col: bï röör lɔ luɛɛk ku lɔ diäär, nyïïr cï dït ku mïthkor lɔ ɣöt, të ye ke nin thïn.

Të cï kɔk lɔ ɣöt, meek aye looi ku lueel akëkööl thɛɛr. Ke akëköölkë aa ye läi cït köör ku awan jam ku luuikë cït mɛn de kɔc.

Ku emɛnë, nëkë cï pïir rɔɔk- ye cɔl pïir paan Aciɛ k eya- bë n ke dït, luɛl de akëkööl thɛɛr acï puɔ̈ l. Ku ye kënë, e kɔc lik arëët ke aa cï döŋ e ke nyic akëkööl thɛɛr. Kɔc juëc ke riɛ̈ c cï lɔ rɔɔk ka në thukulic aa cïe bɛɛr luëël në akëkööl thɛɛr yɔn ye ke lueel baai, paan de Jiëëŋ. Emɛnë kɔc rɔɔk aa ye pinyden tekic, ye wakɔ̈ u ka aköl, e ke pïŋ në rediyo, ka dɛɛikë në telebicion, pethbuk ku ka juëc kɔ̈ k cït ke kakë.

Dë t tɔ̈ thïn eya, akëkööl juëc arëët ke Thoŋ de Jiëëŋ aa kënë ke gät piny. Kë bï tuɔ̈ l e määr yen e ka bï ke määr agut cï athɛɛr wadë. Ku acïe kë piath. Ye kënë alëu bï thɔ̈ ɔ̈ ŋ kenë raan cï biäk de kakeen ke pïir ku ciɛɛŋ thɛɛr de kuat cuat wei ku cuë ny në mac, bï dëp agut të bï yen bë n ke ye ŋeth.

Raan ku Wɛ̈ tke

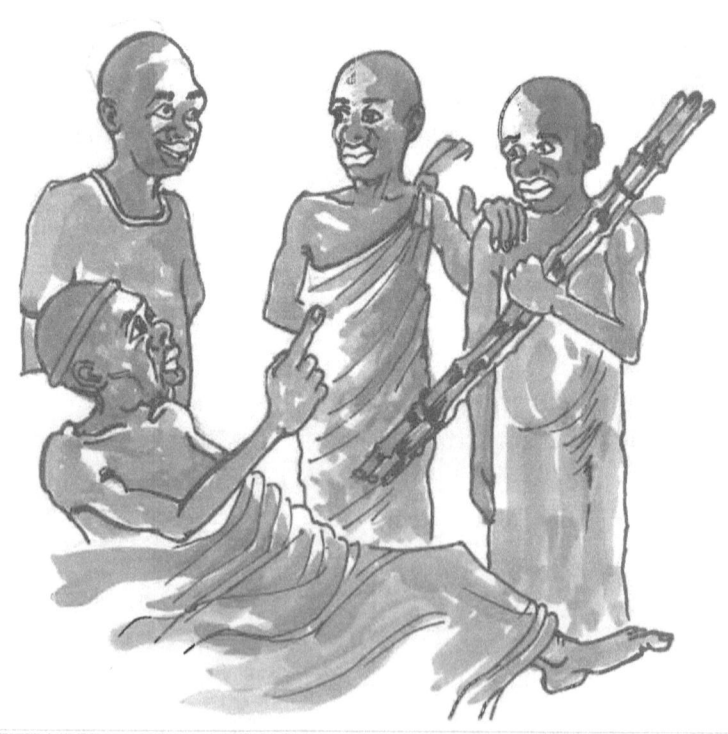

Yɔn thɛɛr Raan e **tɔ̈** [1] ku ke nɔŋ Wë tkeen ye teer në **kɛmken** [2] në **nyindhia**.[3] E cï Wunden them në kaam bääric ye keek yɔ̈ɔ̈k bïkë ye pïïrë puɔ̈l, ku aa kën jäny cï yen keek jɔ̈ɔ̈ny piŋ. Go Wunden tak në **kööl** [4] tök bï Wë tke nyuɔ̈th rëëc de pïir yenë kɔc teer thïn ku cïïkë ye mat ku bïkë luui në tök.

Yeen e Wë tke yɔ̈ɔ̈k bïkë tiim thoi kɔ̈th ku cï keek duut bë i. Gokë looi cïït mɛn de wët cï Wunden lëk keek. E cï Wunden keek bɛɛr yɔ̈ɔ̈k bï ŋɛk erɔt duɔ̈t de tiim dhoŋ. E cïkë them, ŋɛk yetök, bï duɔ̈t dhoŋ. Acïn raan töŋ de kek cï yeen bën lëu bï duɔ̈t dhoŋ. Të cï kek thök në ye athëmë, go Wunden keek yɔ̈ɔ̈k bïkë duɔ̈t dɔ̈k ku bï raan töŋ de kek, ŋɛk yetök, tiim lööm, tök ku tök, ku bï keek dhoŋ. Gokë tiim dhuɔ̈ɔ̈ŋ ku cïn këdhal keek thïn.

Yɔn cï ke thök në kë e cï Wunden nyuɔ̈th keek, ke jal jam, lueel ye "Amatduɔ̈n e **riɛrduɔ̈n**,[5] ku teerdun e niööpduɔ̈n".

Wë t wëët [6] **kɔc**: Kɔc ye mat ku yekë luui në tök kedhia aa ye kë loikë lëu ku yekë tiaam.

Kääŋ në Thoŋ de Lëŋliith: *Union is strength.*

[1] **tɔ̈** (atɔ̈): në thook kɔ̈k ke Jiëëŋ aye cɔl **tɔ̈u** (atɔ̈u), **nu** (anu), **nï** (anï).

[2] **kɛmken**: në thook kɔ̈k ke Jiëëŋ aye cɔl **kamken**.

[3] **nyindhia**: në thook kɔ̈k ke Jiëëŋ aye cɔl **eluɔ̈ɔ̈t, akölaköl, nyindhie**.

[4] **kööl**: në thook kɔ̈k ke Jiëëŋ aye cɔl **akäl, aköl**.

[5] **riɛrduɔ̈n** (riɛr): në thook kɔ̈k ke Jiëëŋ aye cɔl **riɛldun** (riɛl).

[6] **wëët**: në thook kɔ̈k ke Jiëëŋ aye cɔl **piööc, pööc-** jiëëm kɔc në wël piath ke ceŋ.

Ruk Löth në Burɔ Yeth

Yɔn **Luɔk** ¹ aa ke cï amat cɔɔl bïkë dhöl yök, bï kek röth ya kony enɔŋ **Burɔ** ² e ye keek cam. Lok ebën e tö̈ ke riö̈c në Burɔ. Burɔ e bën ke tuŋ keek, ku acïkë ye tiŋ ka yekë piŋ. Acï Luɔk kedhia yök ke riric bïkë ya kat ka thiaan na bö̈ Burɔ. Ku ye kënë acï Luɔk **cɔk** ³ riö̈c **arëët** ⁴. Yɔn looi kek amat, Luɔk aa cï **röth** ⁵ thiëc ye "Yeŋö bï looi bï **wo** ⁶ wodhia gël enɔŋ Burɔ?"

Luɔk juëc aa cï jam në dhö̈l yekë tak ke bï keek kony. Ku jam ebën acïn töŋdeen cï bën yök ke bï Luɔk gël enɔŋ Burɔ.

Yɔn cï amat thiö̈k bï thök, go Loŋ töŋ **nyic** ⁷ käŋ arëët e rɔt jat nhial bï amat lëk täŋ piath cï bën në yenom ku ye thö̈ö̈ŋ ke bï Luɔk **kedhia** ⁸ kony. Acï lëk amat ye "Löth abï kɔɔr ku bï ruö̈k në Burɔ yeth. Na bö̈ Burɔ ke ye lönh ceŋ në yeyeth kän, abï yeen ya cɔk piŋ ku buku röth **juiir**, [9] agoku kat ku buku lɔ thiaan ke ŋot ke mec".

Ye jam kän acï Luɔk juëc miët piɔ̈th, luelkë **mɛn** [10] ke ye wët piath cï nyïëc takic. Luɔk kedhia aa cï piɔ̈th miɛt yɔn piŋ kek ye tëk piath cï töŋ de kek lëk keek.

Ku Loŋ tök acï rɔt jɔt ku jiɛɛm ye "Wek kuat, e kë cakë piŋ emɛn thiɔ̈ kë, e wët piath. Ɣɛɛn në yenhdïe, anhiaar ku aca gam. Töŋ ba thiëëc e kän: Yeŋa de **we** [11] yen bï Löth ruɔ̈k në Burɔ yeth?"

Luɔk kedhia aa cï kethook **deer**.[12] Ku në yekënë amat acï bën puɔ̈k ke cïn Loŋ töŋ cï rɔt yök bï Löth ruɔ̈k në Burɔ yeth.

Wët wëët kɔc: Wët alëu bï piath të cenë yeen tak thïn ku na cïi bï luui e ka cïn kë ye kuɔ̈ny kɔc. Luɛl dët ee: Yeŋa de wek ŋɛɛny arëët lëu bï kërir ye kɔc nɔ̈k looi?

Kääŋ në Thoŋ de Lëŋliith: *Who bells the cat?*

[1] **luɔk** (tök- **lok**): në thook kɔ̈k ke Jiëëŋ aye cɔl **rïc, col**.

[2] **burɔ**: në thook kɔ̈k ke Jiëëŋ aye cɔl **aŋau**.

[3] **cɔk**: në thook kɔ̈k ke Jiëëŋ aye cɔl **col, tɔ, cɔ**.

[4] **arëët**: në thook kɔ̈k ke Jiëëŋ aye cɔl **apɛi, aläl**.

[5] **röth** (tök, rɔt): në thook kɔ̈k ke Jiëëŋ aye cɔl **röt** (tök: rɔt, ka juëc: rot).

[6] **wo**: në thook kɔ̈k ke Jiëëŋ aye cɔl **yok, wok**.

[7] **nyic** (nyïc): në thook kɔ̈k ke Jiëëŋ aye cɔl **ŋic** (ŋïc).

[8] **kedhia**: në thook kɔ̈k ke Jiëëŋ aye cɔl **ebën**.

[9] **juiir**: në thook kɔ̈k ke Jiëëŋ aye cɔl **guiir**.

[10] **mɛn** (ke): në thook kɔ̈k ke Jiëëŋ aye cɔl **nɔn, lan, lɔn**.

[11] **we**: në thook kɔ̈k ke Jiëëŋ aye cɔl **wek**.

[12] **deer**: në thook kɔ̈k ke Jiëëŋ aye cɔl **biit, mim**.

Gɔl ku Dan Amääl

Gɔl e cï Dan Amääl e cï määr në amël yiic kääk piny. Ku e cï kɔɔr bï dɔm bï cam. Ku yen Gɔl e tö ke ye piɔu1 rou: e kuany nyin në Dan Amääl ye tiŋ ke niɔp ku cïn kë cï wuɔ̈ɔ̈c. Në biäk dët de piɔ̈nde, Gɔl e kɔɔr eya bï Dan Amääl cam.

Ku në ye kaam teer en kenë 2 rɔt kän, Gɔl acï yenom tak në dhöl bï yen Dan Amääl cam. Acir3 e cï bën enɔŋ een e bï Dan Amääl cäk thok,4 bï kuën köu ka kën5 ke looi. Ku të cï yen ye kënë looi, Gɔl e rɔt looi ke cït ke cï piɔu riääk nëkë 6 de ka7 ye lueel e ke cï Dan Amääl looi. Ku yen Gɔl abï rɔt yök ke nɔŋ yic bï Dan Amääl nɔ̈k bï cam.

Go Gɔl Dan Amääl thiëëc ye "Yeŋö e lätë γεεn në run tueeŋ wäär cï lɔ?"

"Në run wäär cï lɔ, ɣɛn e ŋot ke ɣɛn kënë dhiëëth", e cï Dan Amääl dhuk.

"Ku yeŋö e cɔk yïin bɔ̈ ba bën nyuäth në wɛl ke roŋdïe?", acï Gɔl bɛɛr thiëëc.

"Ɣɛn ŋot ke ɣa cïe nyuäth në wal emɛnë", acï Dan Amääl lɛ̈k Gɔl.

"Ku na pïu eya, ca keek dek?", e cï Gɔl thiëëc.

"Cɛk ya ke thuat enɔŋ ama8 kek aa ye miɛ̈thdïe ku pïucïe.9 Ɣɛn e ŋot ke ɣɛn cïe dek në pïu", e cï Dan Amääl lueel.

"Ku na cak yaa mɛn cï yïn ke kakë jai kedhia, acïn kë bï yïin kony". Ku të cï yen ke wëlkë thöl në luɛl, Gɔl e päär, dɔm Dan Amääl ku dhoŋ yeth, nɛ̈k ku cuet.

Wɛ̈t wëët kɔc: Raan de aliäp e lueth cak bï yeen cɔk loi kërac.

1 pïɔu (juëc: pïɔth): në thook kɔ̈k ke Jiëëŋ aye cɔl puɔu (juëc: puɔth).

2 kenë: në thook kɔ̈k ke Jiëëŋ aye cɔl kek, kekë.

3 acir (aciir): në thook kɔ̈k ke Jiëëŋ aye cɔl akir (akiir).

4 cäk thok: në thook kɔ̈k ke Jiëëŋ aye cɔl köi, köc, de thok.

5 kën: në thook kɔ̈k ke Jiëëŋ aye cɔl këc.

6 nëkë: në thook kɔ̈k ke Jiëëŋ aye cɔl wɛ̈t, rin.

7 ka (juëc ka): në thook kɔ̈k ke Jiëëŋ aye cɔl kä (juëc: käk).

8 ama: në thook kɔ̈k ke Jiëëŋ aye cɔl maa.

9 pïucïe (cïe): në thook kɔ̈k ke Jiëëŋ aye cɔl pïukïë (kïë), pïukï (kï).

Jö ku Atïmde

Yɔn nyin nɔŋic pïu e tɔ̈ ku thɛl ke tiimdïit bär e cï ke dhɔ̈ɔ̈r në yenom ago kɔc ku läi ya tem. Yɔn në kööl tök, Jö 1 e tëk në nyin nom. Ku yen Jö e muk rïŋ në yethok. Ku ye nyinë, e cïï thuth ku pïu e ke tɔ̈ thïn aa ke lɔcïr.2

Yɔn luiitë Jö piny, ke tiŋ atimde 3 në pïu yiic. Yen atimdenë e cï thɔ̈ɔ̈ŋ në yepiɔu, ke ye Jöŋ dët peei muk rïŋdïit wär rïŋ mɛn tɔ̈ në yethok yen cï tiŋ.

Elantöŋtëi,4 Jö e yɔɔt nyin bï rïŋ muk Jöŋ dët e ye thɔ̈ɔ̈ŋ ke cï tiŋ në pïu yiic lɔ peec.5 Ku në kaam e cï yen rɔt yök ke tɔ̈ nyin, rïŋden e muk e yeen poc thok, lööny wei ku mëër në pïu yiic.

Emɛnë, Jö akääc në wëër ciɛlic. Yeŋö e cï yök? Acïn Jöŋ dët muk rïŋdït në yethok. Kë e cï bën tuɔ̈l e määr de rïŋde. Kë dët e cï Jö yök e mɛn e cï yen rɔt cɔk dhoom atimde ku gɛm lueth.

1jö: në thook kɔ̈k ke Jiëëŋ aye cɔl jöŋ.

2 lɔcïr: në thook kɔ̈k ke Jiëëŋ aye cɔl lɔkïr.

3 atimde: në thook kɔ̈k ke Jiëëŋ aye cɔl atiëmde.

4 elantöŋtëi: në thook kɔ̈k ke Jiëëŋ aye cɔl të cïn gääu, në nyinic, emɛnthiinë, enɔɔnë.

5 peec: në thook kɔ̈k ke Jiëëŋ aye cɔl rum, tup.

Monydït ku Thou

Ɣɔn Monydït e ye tiim yep ku bï keek ɣaac. Në kööl tök, e ɣëëc tiim, kɔɔr bï keek **laar** [1] thuuk. Yeen e cï rɔt yök ke cï dhäär nëkë cï yen cath në kaam bääric ke ɣëëc tiim thiek. Nëkë kɔɔr en bï lɔ̈ŋ, Monydït acï duɔ̈t de tiim cuat piny ku nyuuc piiny. Ku të rëër en, acï Thou cɔɔl.

Thou [2] e cï wët de Monydït piŋ, tul enɔŋ Monydït ku thiɛɛc ye "Yeŋö kɔɔr ba luɔ̈i yïïn?"

"E ba ɣɛɛn kuɔny në këp de duɔ̈t, ba jat në yakët", e cï Monydït dhuɔ̈k Thou.

Wën piŋë Thou kë cï Monydït lueel, go dɔl ku jɔt duɔ̈t në Monydït kët ku le **yɔu dhöl**,[3] dhuk tëdeen e bïï en thïn kuc Monydït.

Ɣɔn cï Monydït Thou tiŋ ke cï jäl, go jäl eya, le baai ke ɣëëc tiimke.

[1] **laar**: në thook kɔ̈k ke Jiëëŋ aye cɔl **ɣäth**.

[2] **thou**: në aköl kɔ̈k ku enɔŋ kɔc kɔ̈k ye jam në Thoŋ de Jiëëŋ rin kɔ̈k ke **thou** aye cɔl **thuɔɔu**.

[3] **ɣɔu dhöl**: në thook kɔ̈k ke Jiëëŋ aye lueel **acï lɔ**, **jäl**, **löny dhöl/kueer**.

Raan cï Nom-baar ku Luaŋ

Yɔn Luaŋ e cï nyuc në Raan cï Nom-baar nom ku kɛc. Raan e cï guɔ̈p lɔcuei, go Luaŋ maŋ, kɔɔr bï nɔ̈k, go wuɔ̈ɔ̈c, poth në yecin ku kɛt.

Luaŋ e jam ye "Yïn e kɔɔr ba ɣɛɛn nɔ̈k, ɣɛn ye kömthiinë. **Emɛnë**,[1] tiŋ kë ca luɔ̈i rɔt. Riääk e cï yïn piɔ̈u riääk **wën**[2] kɔɔr ba ɣɛɛn nɔ̈k, yïn cï ɣɛɛn wuɔ̈ɔ̈c, ba yïnom maŋ, yïn yïtök. Yïn e ke nɔŋ këriric ca yök, acïe ɣɛɛn".

Go Raan cï Nom-Baar dhuk ye "Ɣɛn cïï rɔt gäk në mäŋ ca ɣɛn yanom maŋ. Ku yïin, yïn ye köm rɛɛc ye pïir në dëŋ de rim ke kɔc. Acaa nhiaar ca poth; e kaar ba yïin nɔ̈k, ba thou".

[1] **emɛnë**: në thook kɔ̈k ke Jiëëŋ aye cɔl **enɔɔnë, enɔɔnthiinë, ëmën, emɛɛn**.

[2] **wën**: në thook kɔ̈k ke Jiëëŋ aye cɔl **enhia, na wën, tëwën**.

Thɔn Ajïth ku Ayöm

Ɣɔn Thɔn Ajïth e nëk cɔk go lɔ domic ku weet piny, kɔɔr ka cït käm ka mei ke tiim bï keek cam. E cï piny kɔ̈ɔ̈th në kaam bääric ku e cïn kë cï bën yök.

Na ye kaam e kɔɔr en bï jäl, ke yök luŋ lɔ riau-riau. Go nyic mɛn ke ye luŋë e Ayöm ye diäär ku nyïïr ceŋ në kecin ku në keyiëth. E cï Thɔn Ajïth nyic mɛn ke röör ye diäärken ku nyïïrken yɔ̈c Ayöm në wëu juëc arëët.

"Agäi!",[1] Thɔn Ajïth e **miöc**[2] ke cï gäi ku cï piɔu lɔrïr wei. Yeen e cï dhiɛɛu wei ku jiɛɛm ke ciën, ye "Yïn dhëŋ ku yïn nhiɛɛr Mɛnh e Raan arëët. Ku enɔŋ ɣɛɛn, yïn cïn kony. Kë kaar emɛnë e miëth ba cam bï cɔŋdïe nyaai, acïe ka ke **nhuɔɔm**".[3]

[1] **Agäi!**: në thook kɔ̈k ke Jiëëŋ aye cɔl **Amawoou!, Mawoou!, Magëi!**

[2] **miöc**: në thook kɔ̈k ke Jiëëŋ aye cɔl **waar, gua, guak, këu, këp, tuaar, këp.**

[3] **nhuɔɔm**: në thook kɔ̈k ke Jiëëŋ aye cɔl **nhiaam, muɔɔm, bäŋ.**

Awan ku Atok

Yɔn Awan e cï Atok cɔɔl bïkë lɔ cam paande. Ku gɔ̈ŋ e cï Awan juiir e cuɛi ke rïŋ e ke cï wäl në aduɔ̈kic.

Awan e cï Atok yɔ̈ɔ̈k ye "**Awën** [1] aa ye cam në aduuk yiic". Go Atok piŋ ku deer yethok.

E cï Atok them bï cuaai lap, go yök ke riric bï naŋ kë lɔ në yethok. Kë e cï Awan looi e mɛɛn Atok maan ku cïï nyuth een. Yɔn ŋoot Atok ke kën guɔ dhuk, e cï lëk Awan bï lɔ paande në kööl bï lueel ku bïkë miëth lɔ rɔm në nïn bï bën. Awan e gam bï lɔ paan de Atok, bï lɔ ke ye kamande ku bïkë lɔ cam etök.

Yɔn cï Awan lɔ paan de Atok ke yök ke cï miëth piath de gɔ̈ŋ juiir. Ku Atok e cï miëth tääu në agul de tönyic. Atok e Awan cɔɔl ku nyuuckë në tök, bïkë cam.

Të yɔn e bï ke cäm gɔl, Atok e jam ye "Awan, wo kuan de Atok wo mïïthkuɔ cam në agulic. Cäm në aduuk yiic akucku". Ku të e cï Atok ye kënë lueel, ke lïŋ yethok në agulic, gɔl cäm.

E cï Awan them bï yethok cuɔɔk në agulic, ku cïï rɔt lëu bï miëth cuɔ̈ɔ̈p. Awan e rɔt miɛɛt ciëën ku dɛɛi në Atok ke cäm agut të bï yen kuɛth.

E nyic Awan mɛn ke gɔ̈ŋ e cï Atok yeen gɔɔŋ kän, e guur de kë yɔn **wël** [2] en cuaai në aduɔ̈kic, ku kën rɔt bën lëu bï Atok cuaai yööp. Awan yetök yen e cï cuaai lap ku dɔ̈ŋ Atok wei, ke kën cuaai thiëëp.

[1] **Awën** (tök: awan): awan e lan ye ceŋ roor. Ka juëcken aye keek cɔl **awën**.

[2] **wël** (wäl): në thook kɔ̈k ke Jiëëŋ aye cɔl **puk/puɔ̈k**.

Awan ku Thɔ̈k

Yɔn Awan e cï löny yiith. Ku yith e thuth ku ke cïn dhöl bï Awan bën bei thïn. Ku në ye kaam e tɔ̈ en yiithë, Thɔ̈k cï yal e cath ke kɔɔr pïu bï ke dek.

Thɔ̈k e cï lɔ në yith nom ku luiitic, go Awan tïŋ ke tɔ̈ thïn. Thɔ̈k e cï Awan thiëëc në tän tɔ̈ pïu thïn. Go Awan lëk Thɔ̈k ye "Ke pïukë aa lir ku aa mit arëët. Bär ba bën dek".

Yɔn piŋ Thɔ̈k wël ke Awan, go kɔɔr bï rɔt mat yiith ku bï lɔ dek eya.

Ku Thɔ̈k e cï lɔ yiith enɔŋ Awan ku gɔl dëk agut të bï yen yic thiäŋ në pïu. Wët de yal e thök yiith etëën. Töŋdïït riric e cï döŋ e dhöl bï ke lɔ **bii**.[1] Awan e cï Thɔ̈k yɔ̈ɔ̈k bï yenom tak në dhöl bï ke jäl yiith. Awan e Thɔ̈k lëk dhöl cï tak bï keek cɔk jël yiith.

"Yïn bï kɔ̈ɔ̈c në **cökkuɔ̈n ciëën**[2] cït mɛn ye raan kɔ̈ɔ̈c në yecök, ku yïn bï päny de yith thany në **cöthku**.[3] Ku të këëc yïn në ye dhöl ca lueelë, ke ɣɛn bï jal yith nhial në yïkɔ̈u ku ba tuŋku käc köth, bïkë ɣä cɔk lɔ bïï".

Ku e cï Awan bɛɛr mat thïn eya, lëk Thɔ̈k, ye "Na ca lɔ bïï ke ɣɛn bï dhöl yök bï yïn bën bei yiith".

Ke wëlkë aa cï Thɔ̈k keek gam ku looi cït mɛn de ajuiɛɛr cï Awan lueel.

Ku cït mɛn ajuiɛɛr e cïkë mat, Awan e yith nhial në Thɔ̈k kɔ̈u, yööt bei ku dɔ̈ŋ Thɔ̈k yiith.

Ku Thɔ̈k wën tit Awan bï yeen lɛɛr bïï, e cï gäi ɣɔn tïŋ en kuɔɔny e ŋëëth enɔŋ Awan ke cï gääu.

Ɣɔn cï Thɔ̈k tïït arëët, go cööt në rördït, jiɛɛm ye "Awan, yeŋö ye yïn ɣɛɛn waan yiith?"

Go Awan dhuk ye "Yïn Thɔ̈k, nyinhdu acïï lui apiath. Yeŋö ye yïn e gam ba lɔ yiith ke yïn kuc dhöl bï yïn lɔ jäl thïn? Yïn kuc käŋ. Jal dɔ̈ŋ".

Ku të e cï Awan ke wëlkë thöl në luɛl, e cïïth dhöl, nyiëëŋ Thɔ̈k yiith.

Wët wëët kɔc: Duɔ̈në kë kënë deetic apiath ye looi.

Kääŋ në Thoŋ de Lëŋliith: *Look before you leap [jump].*

---

[1] **bii**: në thook kɔ̈k ke Jiëëŋ aye cɔl **aɣeer, biic**.

[2] **cökkuɔ̈n ciëën**: në thook kɔ̈k ke Jiëëŋ **cök ciëën** aa ye keek cɔl **ɣɔ̈ɔ̈m**, ku të yen tök aye cɔl **cöök ciëën**. Rin kɔ̈k ke cöök ciëën aye cɔl **ɣäm**.

[3] **cöthke** (tök e cöu): **cöök tueeŋ** de weŋ, thɔ̈k ke läi nɔŋ **cök** keŋuan aye cɔl **cöu**, ku ka juëc aye keek cɔl **cöth**. Cöök ciëën de lëi aye cɔl **ɣäm** (ka juëc aa ye keek cɔl **ɣɔ̈ɔ̈m**). Raan anɔŋ ɣɔ̈ɔ̈m kerou ku cin kerou në nyln de cöth.

Kuëi ku Yuith

Kuëi e cï nyuc të thööny tɔ̈ në **kuur** [1] lɔ̈ɔ̈m, ku jal yenyin caath në lënthiin bï gɔp bï cam.

Ku Raan Ayiëëp e cï thiaan në kuur kɔ̈u të cïï mec kenë të e tɔ̈ Kuëi thïn. Ku yeen Ayiëëp e buth läi eya, bï keek nɔ̈k. Yen Ayiëm kän e cï Kuëi tiëŋ wei go moc në **yuith**,[2] tiiŋ pɛɛm agut të cuup en piɔ̈nde.

Ku të ŋootë Kuëi ke dëŋ, e cï yuinh e mocë yeen tiŋ. Yen e yuinhë e cï ruɔ̈k thar nak ke Kuën dët.

Ɣɔn ŋoot Kuëi ke kën guɔ thou, e cï lueel ye "Ɣɛn dhiaau piɔ̈u narou: kë tueeŋ, yɛn thou emɛnë. Kë de rou, e **yuinh**[3] e mocë yɛɛn kän, e cï ruɔ̈k thar nak ke Kuëi e ke cï raan ke yeen **dhëëŋ**".[4]

[1] **kuur**: në thook kɔ̈k ke Jiëëŋ aye cɔl **gɔt**.

[2] **yuith** (yuinh): në thook kɔ̈k ke Jiëëŋ aye cɔl **with** (winh).

[3] **dhëëŋ** (adhëŋ/adhëŋ): në thook kɔ̈k ke Jiëëŋ aye cɔl **dhuëëŋ** (adhuëŋ, adhuëŋ).

Aŋui ku Dan Thɔ̈k

Ƴɔn Dan Thɔ̈k e cï lɔ nhial në ɣöt nom ku ɣoi piny, dɛɛi në ka cath në ɣöt lɔ̈ɔ̈m. Aŋui e bën ku tiŋ Dan Thɔ̈k nhial. Dan Thɔ̈k eya e Aŋui tiŋ piiny ke cath ku gɔl bï läät, lueel ye "Yïn ye cuëër ku yïn ye anäk thök ku läi kɔ̈k. Yeŋö loi eenë në kɛm ke ɣööt ke kɔc piath? E tak wudï ba karac bën looi thïn?"

Ƴɔn piŋ Aŋui ye jamë, go piɔ̈u riääk ku dhuk lëët ke Dan Thɔ̈k nïm, lueel ye "Lätë ke yïn mec, mɛnh kuc käŋ. Apiɔlic ba ŋeeny ke nyic ke yïn tɔ të mec cïï raan ca lat lëu bï yök thïn".

Kääŋ në Thoŋ de Leŋliith: It is easy to be safe from distance.

Köör cï Dhiɔp

Ɣɔn Köör cï dhiɔp e tɔ̈. Ku ye **dhiööpdenë** [1] e cï yeen cɔk **niɔp**,[2] cïï yäp de läi beer lëu cït mɛn thɛɛr ɣɔn yen jöt. Ku na cïï yäp lëu ke abï cië̈n dhöl bï yen mië̈th yök thïn.

Ɣɔn yök en pïïrde ke bï yic riɛr, Köör **aciir** [3] tak: acï lueel mɛn **bec** [4] en. Ye wë̈t de adhuɔɔm kän acï thiäi piny bï läi kedhia piŋ.

Ɣɔn piŋ läi bëny de bänyden, gokë nyïn kuany në yeen, ku gɔlkë në në̈m në **adhuɔ̈mdeen** [5] cï looi roor, të tɔ̈ tiim juëc thïn.

Ku Awan e cï kë looi Köör **moth**:[6] e cï tiŋ ke läi kedhia ye lɔ enɔŋ Köör aa kën bɛɛr lɔ dhuk ciëën. Ɣɔn në kööl tök, Awan në yenhde e lɔ enɔŋ Köör ku kë̈ë̈c të mec.

Awan e Köör thiëëc ye "Jal tɔ̈ wudï bänydïïtdïe?"

Acï Köör dhuk ye "Acïn kërac, Awan mɛnh e wänmääth. Yeŋö ye yïn kɔ̈ɔ̈c të mec? Cut rɔt **eenë**;[7] anɔŋ wë̈t kaar ba bë̈n lë̈k yïin të thiɔ̈k".

Go Awan dhuɔ̈k Köör ye "E dë ca bɛn enɔŋ yïin na ɣɛn kën kë loi rɔt eenë dhal ɣɛɛn tiŋ.

Kë ca tiŋ aa ye cök ke läi e ke cï lɔ enɔŋ yïin ku acïn kë nyooth cök ke läi cï bë̈n bei në adhuɔ̈mduic".

Ku të cï Awan ke wëlkë thöl në luɛl, go jäl, nyië̈ë̈ŋ Köör piny yetök.

[1] **dhiööpdenë** (**dhiööp**): në thöök kɔ̈k ke Jiëëŋ aye cɔl **dhiɔp**.

[2] **niɔp**: në thook kɔ̈k ke Jiëëŋ aye cɔl **kɔ̈c**, **acïï ril**.

[3] **aciir**: në thook kɔ̈k ke Jiëëŋ aye cɔl **akiir, pɛl**.

[4] **bec** (bëc, bëny): në thook kɔ̈k ke Jiëëŋ aye cɔl **tuaany**.

[5] **adhuɔ̈mdeen** (adhuɔ̈m): në thook kɔ̈k ke Jiëëŋ aye cɔl **adhum** (ka juëc aa ye **adhum, adhuum**).

[6] **moth**: në thook kɔ̈k ke Jiëëŋ aye cɔl **bï kë cï thiaan nyic**, **dak wei**.

[7] **eenë**: në thook kɔ̈k ke Jiëëŋ aye cɔl **tënë, të̈n, etënë, etë̈n, etë̈ë̈n**.

Nya ku Ajiöm de Ca

Ɣɔn Raan e tɔ̈ ku ke mac ɣö̈k juëc. Yeen eya, enɔŋ Nyanden dhëŋ ku nɔŋ guö̈p nhuɔɔm.

Ɣɔn thëëi në kööl tök yen e Nyanë, e lɔ wutic bï ɣö̈k lɔ raak. Na cï thök në räk, ke jɔt ajiöm cï thiäŋ në ca, ku ɣëëc në yenom ke lɔ baai. Të cɛthë en dhölic, ke täk bö̈ enɔŋ een. Ku ye täŋë e thöŋ kenë nyuö̈th ye tuö̈l enɔŋ raan cï nin arëët **wakö̈u**.[1]

Yeen e cï thö̈ö̈ŋ ke cɛk tö̈ në ajiöpic aa bï keek lɔ miɔɔk bïkë miök bë̈i. Acï bɛɛr thö̈ö̈ŋ ke bï miök kueet ku na cï dït ke abï ɣaac në wëu; ku ke wëukë aa bï yen ke tong ke ajïth ɣɔɔc; ku na lɔ tong kuɛk, ke keek aa bï bë̈n ke ye ajïïth juëc; ku ke ajïïthkë, aa bï keek bɛɛr ɣääc në wëu; ku ke wëukë aa bï yen ke alanh jöt dhëŋ ɣɔɔc; ku ye alanhë abï ruö̈k në yekö̈u; ku të ceŋ en ye alanh piathë, abï röörthii kedhia tïŋ ku nhiarkë; ku abï raan ebë̈n në keyiic them bï ya **gö̈k**[2] kenë yeen. Ku yen Nya, abï ke röörthiikë rɛɛc kedhia. Raanthii ebë̈n bï bë̈n ke kɔɔr een në gö̈k abï **jäi**.[3]

Ku yen Nya e cï nom määr mɛn dëër en ajiöp në yenom. Teŋ cï yen yenom teŋ ke ye dhöl nyooth en reec de röörthii cï thö̈ö̈ŋ e ke cop een ku reec keek, ajiöp e lööny piny abï kuɛm ku wë̈l ca wei kedhia.

Wë̈t wëët kɔc: Duö̈në kë ŋot ke kën bë̈n ye kueen ke ye këdu.

Kääŋ në Thoŋ de Lëŋliith: *Do not count your eggs before they are hatched.*

[1] **wakö̈u**: në thook kö̈k ke Jiëëŋ aye cɔl **makö̈u**.

[2] **jai**: në thook kö̈k ke Jiëëŋ aye cɔl **kuec, rɛɛc**.

[3] **gö̈k**: në thook kö̈k ke Jiëëŋ aye cɔl **muɔɔŋ, jam de aburɔ, abɔrɔ, leŋ**.

Tëŋ yenë Köör Tek

Ɣɔn Köör, Awan, Aŋui ku Jö aa ke cï lɔ yäp në läi. Keek aa cï cool rokic, kɔɔrkë län bïkë nɔ̈k. Na ɣɔn cï piny thiɔ̈k bï cuɔl, go thiäŋ rɔt tëëm ke riŋ. Läi kedhia aa cï thiäŋ cop agut bï kek ye **dëër**,[1] **yuïtkë**[2] piny ku näkë.

Köör acï Awan, Aŋui ku Jö yɔ̈ɔ̈k bïkë thiäŋ yaaŋ ku bïkë rïŋke tek në akuut keŋuan. Aa cïkë looi cït mɛn cï Köör ye lueel.

Ku të bï riŋ de thiäŋ tëk thïn Köör e cï Aŋui, Awan ku Jö yɔ̈ɔ̈k, jiɛɛm ye "Biäk de ŋuan tök abï yaa këdïe nëkë ye ɣɛn bäny de läi tɔ̈ rokic kedhia; biäk de ŋuan de rou aba lööm nëkë ye ɣɛn luɔ̈k luk ku ba keek tëm läi tɛɛr në kɛmken; biäk de diäk abï yiëk ɣɛɛn nëkë nyic we een mɛn ke ɣɛn e tɔ̈ në yäp de thiäŋic".

Të cï Köör ke wëlkë thöl në luɛl, e yenom jɔt ku ɣöi Aŋui, Awan ku Jö, ku lueel ye "**Akaar**[3] ba nyic, yeŋa de we kɔɔr een bï ye riɔ̈p tääu në biäk de ŋuan de rïŋ cï döŋ piny".

"Makë i!", Awan e dhiaau në rör koor ku e cï yɔ̈lde guan në yeɣɔ̈ɔ̈m. Ɣɔn cï Awan e tïŋ ke läi kedhia e ke cï riɔ̈ɔ̈c, go jam ye "Yïn lëu ba tɔ̈ në lon de këriric yic ku të lenë kë cï ɣök rɔm ke yïn bï nyɔ̈ŋ".

Wɛ̈t wëët kɔc: Në aköl kɔ̈k raan rir e kɔc niɔp pën yith adöcken.

Kääŋ në Thoŋ de Lëŋliith: Might [power] makes right.

[1] **dëër**: në thook kɔ̈k ke Jiëëŋ aye cɔl **dööt, cuɔ̈ɔ̈p**.

[2] **yuitkë** (yuit): në thöök kɔ̈k ke Jiëëŋ aye cɔl **witkë** (wit).

[3] **akaar**: në thook kɔ̈k ke Jiëëŋ aye cɔl **awiëc, agɔ̈ɔ̈r**.

Gɔl ku Awet

Ɣɔn Gɔl e cï yuɔɔm de rïŋ e cuet kɛɛk në yerör. Gɔl e Awet löŋ bï yuɔɔm miëët bei. E cï Gɔl bɛɛr lëk Awet mɛn na cï yuɔɔm nyaai ke bï yiëk ariɔp, ke ye dhöl bï yen alɛɛcde nyuɔɔth.

Awet e gam bï yuɔɔm nyaai në Gɔl rör.

Awet e Gɔl yɔ̈ɔ̈k bï yeyeth taar nhial ku bï yethok liep ago nomde, yen Awet, lɔ në yerör, bï yuɔɔm dɔm në yethok ku bï bëi bei. Gɔl e gam ku looi cït mɛn de wët e cï Awet lueel.

Awet e yenom cuɔɔk në Gɔl rör, dɔm yuɔɔm ku mïït bei.

Gɔl ku Awet aa piɔ̈th miɛt kedhia.

Awet e Gɔl thiëëc bï gäm ariɔmden wën e cï lueel ye bï yiëk een.

Gɔl e gäi, dɔl ku yöök Awet "Ye ariɔm cït ŋö yen kɔɔr enɔŋ ɣɛɛn? Yïn e cï yïnom cuɔɔk në ɣarör ku cïn kërɛɛc cï yïïn bën yök. Ye kenë yetök cïe ariɔp?"

Wët wëët kɔc: Duɔ̈në [1] ŋäth ba ariɔm piath yök enɔŋ raan rɛɛc ca luɔ̈i këpiath. Miɛtë piɔ̈u ca jäl enɔŋ een ke cïn kërɛɛc cï luɔ̈i yïïn.

[1] **duɔ̈në**: në thook kɔ̈k ke Jiëëŋ aye cɔl **duk, du, dï.**

Tik ku Aröŋ de Miäu

Ɣɔn thɛɛr diäär cï dïtnëruna ake ye **miän de pïu ke abiɛi** [1] dek, nëaköl kɔ̈ k ku nëdëŋkoor.

Ɣɔn nëkööl tök, tiŋtöŋde ke diäärkëe cï **Aröŋ** [2] e yenë miäu tɔ̈ɔ̈u thïn yök ke cï cäp piny ku wan nëbaai thok.

Ye Tiŋdïïtëe cï Arök kuany ku ke ye thɔ̈ɔ̈ŋke nɔŋic miäu. Wën jɔt en Arök nhial go yök ke pial nëkëe cï kɔc e ke wan een miän e tɔ̈thïn dek.

Tik e cuut nyaai nëArök thok ku ŋöör Arökic.

"Ɣääi!", e wëëi ke ŋëër yenom nhial, ke mit piɔ̈u arëët. Ku ke ŋot ke muk Arök ke thiɔ̈k ke yewum, e jam ye "Yïn kuric apiath ku pol de miän e tɔ̈nëyïyic awär këriɛ̈ɛ̈c ebɛ̈n nëmiɛt.[4] Jal pol cï döŋŋuäc apiath elä, ku na yen miän de pïu ke abiɛi e tɔ̈nëyïyic e miɛtde cït ŋö?"

Tik e Arök miɛɛt nëyewum ku ŋööric nëkaam bääric.

Tiŋdïïtëe cï Arök bɛɛr thany wei ku döŋke kääc. Ye kënëe cï loi narou ku jal jäl.

Wët wëët kɔc: Kë ye raan cɔk tak ka thɛɛr piath e miɛt de piɔ̈u dhuɔ̈k een.

[1] **miäu** (miän): nëthook kɔ̈k ke Jiëëŋaye cɔl **mɔ̈u** (mɔ̈n).

[2] **miän de pïu ke abië i**: miän de Jiëëŋaye looi nërap. Miän ye cɔl "waiyin" (*wine*) ye waaric nëthoŋtöŋde Jiëëŋke ye "pïu ke abië i" aye looi nëdɛɛu ke tiim ye cɔl "gereep" (*grape fruit*) ku dɛɛuke acït dɛɛu ke tim ye cɔl kuëi.

[3] **aröŋ** (arök): nëthook kɔ̈k ke Jiëëŋaye cɔl **gut** (gun), **kuɔɔt** (kon).

[4] **miɛt** (mit, amit): nëthook kɔ̈k ke Jiëëŋaye cɔl **diɛny** (diny, adiny), **apac.**

Awan ku Gak

Yɔn Gak e rïŋ kual enɔŋ kɔc, jɔt ku nyuuc në tim nom nhial, juiir rɔt bï cuet. Ku të ŋotë en ke kën rïŋ gɔl në cuët, Awan e lɔ cel në tim cök ku liec tim nom, go tïŋ ke muk rïŋ në yethok.

Awan e yenom tak në dhöl bï yen rïŋ de Gak lööm, bï cuet. Acï Awan gɔl bï Gak lɛc nom, jiɛɛm ye "Yïn Gak, yïn dhëŋ arëët. Acïn din dët ca kan tïŋ në pïïrdïeic ebën ke wär yïïn në dhëëŋ de guɔ̈pdu ku nakkuɔ̈n tɔ̈ në yïguɔ̈p. Töŋ kuɔ̈c enɔŋ yïïn e piath de rördu. Ku aya thɔ̈ɔ̈ŋ ke rördu dhil piath. Piath de rördu abï yïïn cɔk tëëuë ke yïn ye bäny de diɛt ke pinynom kedhia. Ku në ye kënë, yïn Gak, akaar në ɣapiɔ̈u ebën ba yïïn piŋ ke yïn kët në rörduɔ̈ɔ̈n mit në pïŋ".

Yɔn piŋë Gak ke wël ke lec de nom enɔŋ Awan, go piɔ̈u miɛt. Gak e kët, gɔl bï Awan piŋ cït mɛn cï yen een thiëëc.

Yɔn liep en yethok bï ket, ke rïŋ lööny piny tim në cök të thiääk kenë Awan. Awan e piɔ̈u miɛt ku kuɛny rïŋ ku cuet.

Ku yɔn e cï Awan rïŋ thöl në cuët, e cï yenom jat nhial ku yɔ̈ɔ̈k Gak ye "Rördu acïï rac. Töŋ niɔp enɔŋ yïïn e täŋ ye yïn tak".

Raan ku Këroor

Ɣɔn Raan e cath rokic kenë mɛnhde. Të cɛth kek, Raan e **Këroor** [1] e tö piiny në noonic ku ke kën tiŋ, käc köu. Këroor e ŋeeny, wel rɔt ku kɛc mɛnh de Raan wën cath kenë wun, thööŋ. Raan e piɔu riääk, lööm yiëp ku kep yöl de Këroor, abï biäkde tɛɛm wei, ku e jiël, dhuk baai ke muk mɛnhdeen cï thou bï lɔ thiök.

Ku ye Raan kän e nɔŋ ɣökkeen e ke ye nyuäth roor mɛn e ciëŋë Këroor thïn. Go Këroor gɔl bï ɣök ke Raan ya **cam,** [2] ye keek kac agut të bï kek thou. Ku Këroor e loi ye kënë ke ye dhöl guur en ɣöldeen e cï Raan tɛɛm wei.

Raan e cï kë looi Këroor tiŋ, go lɔ enɔŋ een ku jiɛɛm ye "Yïn e nɔŋ yic ba mɛnhdïe nök, guur yïn yölduöön e ca kɛp wei. Në biäkdïe eya, ɣɛn e nɔŋ yic ba biäk de yöldu tɛɛm wei. Ɣɛn e guur thon de mɛnhdïe. Näŋ e cï yïn ɣökcïe nök, e nɔŋ yïn yic eya. Yïïn ku ɣɛɛn, wo cï ka ke guur luöi röth. Kë cï döŋ emɛnë, e bukku röth päl awëëckuɔ, bukku nïïm määr në ka cï tuɔl në kɛmkuɔ ku bï ater thök".

Go Këroor dhuök Raan ye "Yïn cïï lëu ba nom määr në thon de mɛnhdu ku thon de ɣökku. Ɣɛɛn eya, ɣɛn cïï lëu ba nom määr në yöldiëën ca tɛɛm wei".

Wɛt wëët kɔc: Awëëc cï tuɔl ku tëtöök cï kɔc ke yiëk kɔc kök, aa lëu bï ke puöl ku ariric bï kɔc nïm määr në keek.

Luɛlde në Thoŋ de Lëŋliith: Injuries may be forgiven, but not forgotten.

[1] **këroor**: në thook kök ke Jiëëŋ aye cɔl **kërac, këpiiny**.

[2] **cam**: në Thoŋ de Jiëëŋ, aye lueel ya këroor acï raan ka lëi **cam**. Në thook kök cït Thoŋ de Lëŋliith aye lueel ya këroor acï raan **gut** ka **kac** (*the snake has bitten an animal or a person, for example, not "eaten" as is the case in Dinka*).

Raan ku Rok

Ɣɔn në kööl tök Raan e cï lɔ roŋ nɔŋic tiim juëc. Raan e Tiim löŋ bïkë yeen yiëk këër thiin thoi köu. E cï lëk Tiim mɛn nɔŋ en kë piath bï lɔ looi në ye këërë. Tiim aa piɔ̈th miɛt, gokë gam bïkë yiëk töŋ de kërken.

Raan e këër lööm, teem köu ku guɛŋ bï yen yiëmde döök. Ku të cï Raan thök në dɔ̈k de yiëp, go gɔl bï Tiim yiɛp piny.

E cï Raan lëu bï ye kënë looi në yiëmdeen e cï döök në këër wën cï Tiim gäm een.

Tiim cï poth aa piɔ̈th dhiaau nëkë cï kek Raan yiëk töŋ de kërken cï keek bën riɔ̈ɔ̈k.

Wët wëët kɔc: ye akëkölë athöŋ ke kääŋ töŋ de Jiëëŋ ye jam "Muɔ̈kë rɔt kë luc (näk) yïïn". Luɛl dët de e "Kë e riääk yïïn e tɔ̈ yïn cin thïn."

Luɛl dët: Ye akëköl kän athöŋ ke kääŋ töŋ de Jiëëŋ ye jam ye "Raan e yup raan dët nom në **löny** [1] ɣɔn cï gäm een".

Kääŋ në Thoŋ de Lëŋliith: *Never supply the means of your own destruction.*

[1] **löny** (löc): në thook kɔ̈k ke Jiëëŋ aye cɔl **atuel**, **thieec** (thieny).

Raan ye Tuŋ Kooth

Ɣɔn wuɔ̈t kerou aa ke cï rɔ̈m në tɔŋdït. Ku kɔc juëc aa cï bën nɔ̈k tɔŋ në kɛmken.

Ɣɔn cï tɔŋ kɔ̈ɔ̈c, ke wun e cï tiam e cï Raan e ye Tuŋ de Tɔŋ Kooth dɔm. E kɔɔr wun cï tiam bïkë nɔ̈k.

Raan ye Tuŋ Kooth e lɔ̈ŋ bï puɔ̈l, jiɛɛm ye "Ɣɛn cïe muk në tɔɔŋ ku ɣɛn cïe thɔ̈ɔ̈r ba kɔc nɔ̈k. Londïe e tök erïr: kuɔ̈th de Tuŋ. Ku ye kënë acïn raan ye nɔ̈k. Yeŋö kɔ̈ɔ̈rkë bakë ɣɛɛn nɔ̈k **abac**?" ¹

Kɔc kɔ̈k ke wun cï tiam dhuɔ̈k een ye "E yic, yïn cïe thɔ̈ɔ̈r, ku yïn ye rɛmku wɛɛi piɔ̈th ku ŋäärë keek tɔŋ. Kuɔ̈th ye yïn Tuŋ kooth e rïny de wundu cɔk ŋɛɛny ku bïkë kɔc thäär kenë keek nɔ̈k".

¹ **abac**: në thook kɔ̈k ke Jiëëŋ aye cɔl **apath, epath, në ciɛlic, arabac, baaŋ**.

Wɛ̈t wëët kɔc: tɔŋ e rɔt gɔl në wël ku diët ye keek ket.

Kääŋ në Thoŋ de Leŋliith: *He that provokes and incites mischief, is the doer of it.*

Kuur Räp

Yɔn ke **Kuur**[1] e cï bën ke lɔririr. Kɔc thiɔ̈k kenë Kuur aa ke cï toldït tïŋ, ku piŋkë keŋ ku awuɔɔudït bɔ̈ në biäk de Kuur.

Kɔc aa kat, lekkë të de Kuur bïkë kë loi rɔt lɔ tïŋ.

Yɔn cï kɔc guëër të thiääk kenë Kuur, ku kɔɔrkë bïkë këdïït riric tul nyic, ke ye Lok yen bɔ̈ bei në Kuuric.

Wët wëët kɔc: Duɔ̈në kë thiin koor ye cuaai bï ya këdït.

Kääŋ në Thoŋ de Lëŋliith: Don't make much ado [big commotion or trouble] about nothing.

[1] **kuur**: në thook kɔ̈k ke Jiëëŋ aye cɔl **gɔt**.

Aliïk, Diɛt ku Läi Roor

40

Ɣɔn tɔŋ e kɔɔr bï tuɔ̈l në kɛm ke Diɛt ku Läi **Roor**.[1] Në kaam ɣɔn juiir kek tɔŋ, ke Alïik e cï jam mɛn ye cïï kɔɔr bï lɔ tɔŋ.

Diɛt aa cï bɛ̈n ku yöökë Alïik bï lɔ në tuŋden thok, go jai, jiɛɛm ye "Ɣɛn cïe Dit, ɣɛn ye Lë̈i". Go Diɛt jäl, nyiëŋkë Alïik piny.

Ku kaam koor ke Läi bɔ̈, ku lëkkë Alïik bï rɔt mät keek, në toŋden kenë Diɛt.

Alïik e **rɛɛc**,[2] lueel ye "Ɣɛn ye Dit, ɣɛn cïe Lë̈i. Ɣɛn cïï rɔt bï mät week."

Ɣɔn ke Dië̈t ku Läi aa cï jam bïkë dɔ̈ɔ̈r ku bï ciën tɔŋ në kaamden.

Nëkë cï Diɛt ku Läi ke nïm waar bïkë cïe thäär, gokë piɔ̈th miɛt kedhia ku jal bul yupic, nyooth bɛ̈n de dɔ̈ɔ̈r ku thök de ater në kɛmken.

Alïik e lɔ enɔŋ Diɛt, thiëëc bï dier kenë keek në miɛt de piɔ̈u. Diɛt aa jai, lëkkë Alïik bï jäl nëkë cïe yen ye Dit. Ku Diɛt aa cï Alïik cuɔp wei.

Alïik e lɔ enɔŋ Läi bï rɔt mät keek në yanden de piɔ̈u loikë. Läi aa cï jai, yöökkë ye "Yïn ye Dït". Ku yöökkë Alïik bï jäl, go gam.

Ɣɔn cï Diɛt ku Läi yeen rɛɛc, Alïik e jam yetök, ye "Aca tiŋ emɛnë. Raan cïn nom wut acïn raan ye määth kenë yeen." Ku pɛ̈ɛ̈r, jiël.

[1] **Roor**: në thook kɔ̈k ke Jiëëŋ aye cɔl **ɣɔ̈ŋ, jɔ̈ɔ̈r, yɔl**.

[2] **rɛɛc**: në thook kɔ̈k kë Jiëëŋ aye cɔl **jai, kuec**.

Awan ku Akumnyin[1] de Këër

Ɣɔn Awan e cï lɔ ɣön de **Raan ye käŋ ku kɔc käär.** [2] Ɣɔn tɔ̈ en ɣööt e cï ka tɔ̈ thïn kedhia dieny [3] yiic, kɔɔr bï naŋ kë piath bï yök ku bï jɔt.

E kë cï thöŋ ke cïit nom de raan yen e cï yök, go tiŋ ke dik ku nhiɛɛr, kɔɔr bï lööm, bï ya këde.

Yen e nom de raan cï käärë, e cï Awan dɔm në yeriöp go yök ke cïe raan.

Awan e jam ye "Adhɛ̈ŋ de nom! Tɔ̈ piathdu no ke yïn cïn nyith?"

[1] **Akumnyin:** Thɛɛr ɣɔn raan e ke ye käŋ käär aa ke ye kenyïn kum në alath ka dë t cïit dual. Ku yen "akumnyin" kän e ye naŋ ɣän ɣɔ̈ r kerou bï raan ye kë ë r cɔk tiŋ piny ku kɔc daai.

[2] **raan ye käŋ käär:** raan ye rɔt looi ke ye kɔc kɔ̈ k thɔ̈ ɔ̈ ŋ, cïit bï keek ciɛ̈ ɛ̈ t thook në jam ye ke jam ka në të ye ke käŋ luɔɔi thïn. Ku lon de raan ye kɔc käär e bï kɔc daai në yeen ka piŋ jamde ye kɔc cɔk dal.

[3] **dieny** (diëny): në thook kɔ̈ k ke Jiëëŋ aye cɔl **kɔɔr** (kɔ̈ ɔ̈ r), **nap** (näp), **guik** (guïk).

Miɔɔr ku Aguek

Miɔɔr[1] e Weŋ e cï lɔ wëric bï lɔ dek ku të e tëëk en dholic go mɛnh de Aguek käc yiic, nëk. Wunden mɛnh de Aguek e cï bën ku thiëëc mɛnh töŋde nëkë cï tuɔ̈l enɔŋ wänmëëthë.

Mɛnh Aguek acï luk wun mɛn ke ye lën dïtarëët yen e näk mɛnhkënë.

Aguek e bɛɛr thiëc "Wänmuuth thou yedï?"

"**Awä**,[2] e lëndïit nɔŋ cök keŋuan yen e ke cï bën dek puul, go wänmääth käcic, lïŋ tïɔ̈ɔ̈k".

Go Wun thiëëc ye "E dït cït ŋö?"

"E dït arëët", e cï Wënde dhuk.

Aguek e yeyic kuɔ̈th bï dït de Miɔ̈ɔ̈r käär.

Go Wënde lueel ye "E dït arëët. E awär kë ca **ciëët**".[3]

Go Aguek bɛɛr dhuɔ̈k thïn bï yeyic kuɔ̈th arëët, bï piäp.

Wën cï Aguek yeyic kuɔ̈th arëët bï dït ke yöök Wënde ye "E dït e ke wär e kë ca looi kän?" Ku të ŋoot Wënde ke jam në dït de Miɔɔr, go Aguek yic rɛɛt.

[1] **miɔɔr**: në thook kɔ̈k ke Jiëëŋ aye cɔl **muɔɔr**.

[2] **awä**: në thook kɔ̈k ke Jiëëŋ aye cɔl **wää**.

[3] **ciëët** (cïit): në thook kɔ̈k ke Jiëëŋ aye cɔl **kiëët** (kïit), **thɔ̈ɔ̈ŋ** (thööŋ), **käär** (këër).

Loŋ Rɔɔk ku Loŋ Baai Ayeer

Yɔn Luɔk kerou aa ke tö. Loŋ tök e ciëŋ Baai Ayeer ku ciëŋ Loŋ de rou Rɔɔk.

Ku ke Luɔkkë aa ke määth.

Yɔn në kööl tök, Loŋ Rɔɔk e cï keny enɔŋ Loŋ ciëŋ Baai Ayeer.

Loŋ Baai e mië th juiir bï cam kenë më thë, Loŋ Rɔɔk. Ku ye cäm de göŋ kän e loi në nyïn ke tiim tö domic ku **cuïn** [1] de rap e cï kɔc both.

Loŋ Rɔɔk e yenom ŋäär nhial, gë i në pïïr de ŋöö ŋ pïïrë më thë thïn. Ye kënë akën Loŋ Rɔɔk mië th nhiaar. E biäkthiin koor yen e cï lööm ku kë ë c në cäm.

Yɔn wakö u mɛt kek aburɔ, Loŋ Rɔɔk e Loŋ Baai lë k akëkööl ke mïïth juëc mit ye ke cam ku të piath yen **tëc** [2] thïn Rɔɔk.

Ɣɔn cï piny bë n ke ye wëë r, Loŋ Baai ku Loŋ Rɔɔk aa lɔ të c, ku piny e lɔ dïu ³ agut **run de piny**.⁴

Ɣɔn **miäkduur** ⁵ aŋoot Loŋ Rɔɔk ke kën jäl, e Loŋ Baai yɔ̈ ɔ̈ k bï lɔ ke ye kamande, Rɔɔk të ceŋ. Loŋ Baai e gam bï lɔ Rɔɔk.

Ɣɔn **thëëi** ⁶ Loŋ Rɔɔk e mïïth juëc piath bë i, gɔɔŋ en Loŋ Baai. Cäm e tɔ̈ yïï **miök de cië c,** ⁷ ca, rïŋ ku mïïth juëc kɔ̈ k nɔŋ yiic thukkar**.**

"Yeŋö loi rɔt eenë?" Loŋ Baai e Loŋ Rɔɔk thiëëc wën piŋ en jöŋ biɔ̈ k të thiɔ̈ k.

"Duɔ̈ në diɛɛr. Ye jöŋë amec," Loŋ Rɔɔk e kamande yɔ̈ ɔ̈ k bï cïe riɔ̈ ɔ̈ c.

Ku në kaam koor, Loŋ Rɔɔk ku Loŋ Baai aa Burɔ piŋ ke bɔ̈ enɔŋ keek.

Keek aa kat, lekkë thiaan në tulic, të thiääk kenë päny de ɣöt.

Ɣɔn jiël en, dhuk tëde, Loŋ Baai e Loŋ Rɔɔk yɔ̈ ɔ̈ k ye "Pïïrdiëën de ŋɔ̈ ɔ̈ ŋ cïnic riɔ̈ ɔ̈ c aŋuän në pïïrduɔ̈ ɔ̈ n kueth yïn në mïïth mit ku tɔ̈ jethjeth ke yïn riɔ̈ ɔ̈ c në nyidhia".

¹ **cuïn**: në thook kɔ̈ k ke Jiëëŋ aye cɔl **kuïn**.

² **të c**: në thook kɔ̈ k ke Jiëëŋ aye cɔl **tɔ̈ c**.

³ **dïu** (lɔdïu): në thook kɔ̈ k ke Jiëëŋ aye cɔl **lik** (lɔlik).

⁴ **run de piny**: në thook kɔ̈ k ke Jiëëŋ aye cɔl **bak piny**, **piny e bak**.

⁵ **miäkduur** (miäk): në thook kɔ̈ k ke Jiëëŋ aye cɔl **nhiäk** (nhiäkduur).

⁶ **thëëi**: në thook kɔ̈ k ke Jiëëŋ aye cɔl **thëën**.

⁷ **miök de cië c**: në thook kɔ̈ k ke Jiëëŋ aye cɔl **miök de kië c**, **miöu de cië c**, **miöu de kië c**.

Wë t wëët kɔc: Pïïr nɔŋic kuɛth ku riɔ̈ ɔ̈ c aŋuëë n pïïr de ŋɔ̈ ɔ̈ ŋ cïnic riɔ̈ ɔ̈ c.

Kääŋ në Thoŋ de Leŋliith: Poverty with security is better than plenty in the midst of fear and uncertainty.

Köör ku Lok

Yɔn Köör e nin yɔ̈ɔ̈t. Lok e bën ke riŋ, mëër në Köör guɔ̈p, tëëk në yenom.

Köör e pääc ke cï piɔu riääk ku dɔm Lok, kɔɔr bï nɔ̈k.

Lok e rɔt gɔ̈k ku lëŋ Köör bï yeen puɔ̈l, jiɛɛm ye "Na käcë piɔu ba ɣɛɛn puɔ̈l ke yïn ba cuɔ̈ɔ̈t në kë piath në kööl ciëën".

Köör e dɔl ku lëk Lok "Ye kë cït ŋö piath ba luɔ̈i ɣɛɛn, yïn e Loŋ thiinë?"

Ku Köör e Lok puɔ̈l, bï lɔ të kɔɔr. Lok e piɔu miɛt ku leec Köör, ku jiël.

Në kaam cïe bäär, Köör e cath roor ke kɔɔr lën bï cam. Ku të e cɛth en në noonic, Köör e lööny në dëm e cï kɔc ye yäp läi thiaan piiny. E cï Köör them bï rɔt luɔny bei në dëëpic ku cïï lëu. Köör e ciu ku ŋëër në rördïït ye piny tieŋ.

Lok e tëk të thiɔ̈k yɔn piŋ en rör de Köör. E lɔ të e tɔ̈ Köör thïn.

Lok e Köör yök ke cï dɔm në yuïin ke dëëp ku ke dhal een bï ke tueny.

Lok e bën ku gɔl bï yuïin tɛm në yelec agut bï Köör lääu ku jiël në dëëpic.

Yɔn cï Lok Köör luɔny bei, go lueel ye "Yɔn yïn e dhäl kë ba lëu në luɔi. Emɛnë aca tiŋ e kë ca looi ke ɣɛn koor cït mɛn nyic yïn een."

Ku Köör ku Lok aa cï bën määth.

Wët wëët kɔc: Duɔ̈në raan dët dhäl na cak kuur në yïin. Raan ebën anɔŋ kë lëu në luɔi.

Kääŋ në Thoŋ de Lëŋliith: *Everyone has need of the other.*

Andorokeliïth

Ɣɔn raan ye **aluaak**[1] cɔl Andorokelïith e tɔ̈.

Yen e rɔt kual enɔŋ bänydeen e cï yeen ɣɔɔc, jiël cök yenom roor të tɔ̈ läi thïn.

Të cɛth en rokic, e Köör kääk piny, ku yeen e ye keŋ ku ye ŋäär ke tɔ̈ piiny.

Andorokelïith e kat ku na lieec yekɔ̈u ke tïŋ ke Köör cïï yeen cop, go gäi ku këëc. Na ɣɔn cï riɔ̈ɔ̈c jäl ke dhuk rɔt cïëën ke cath emääth, bï nyic yeŋö cï tuɔ̈l enɔŋ Köör.

Të e cï Andorokelïith thiɔ̈k kenë yeen, ke Köör nyuth yecök een. Andorokelïith e cöök de Köör tïŋ ke cï but ku kuëër në riɛm.

Andorokelïith e Köör tïŋ ke cï kondït arëët thɔ̈ɔ̈r cök, ku yen e kë ye cɔk ye keŋ.

Andorokelïith e nyuc ku mïït kou bei në Köör cök ku duut tëtökic.

Köör e piɔ̈u miɛt, jɔt rɔt ku nyiɛn ciin de Andorokelïith, cït mɛn ye jö luɔ̈i raan.

Köör e Andorokelïith laar ɣönden tɔ̈ në kuuric, ku ye rïŋ ke läi e cï keek nɔ̈k bëi enɔŋ een në nyindhia. Köör e bën ke yen muk Andorokelïith bï pïïr.

Ku në kaam cekic Andorokelïith ku Köör aa cï kɔc keek dɔm ku leerë keek baai.

Nëkë ye Andorokelïith yen aluaŋ e cï kat e **kuɔ̈m thou** [2] bï yiëk Köör kën cam në nïn juëc.

Mëlëk ku bänydït kɔ̈k mac baai kenë yeen e ke cï guëër riaaŋdïit yenë pol thïn, bïkë bën daai në yuït de Köör kenë raan bï nɔ̈k, bï cam.

Të e cï baai ebën bën ke Köör e cï lony të e cï yeen mac thïn, go lɔ në gölic ke **ciu**,[3] kɔɔr bï raan e cï luɔ̈ny een yɔ̈tic, bï tɛm kɔ̈u ku bï cam.

Andorokelïith e cï luɔny gölic eya, bï lɔ yuït kenë Köör.

Ɣɔn tïŋ Köör Andorokelïith, go nyic elantöŋtëi ku ŋeep enɔŋ een, ku nyiɛn cin.

Wën tiŋ Mëlëk kë cï tuɔl, go gäi arëët ku cɔɔl Andorokelïïth bï bë̈n enɔŋ een.

Andorokeïïth e Mëlëk lë̈k akëkölde ke Köör ebë̈n.

Mëlëk e kɔcke yɔ̈ɔ̈k bïkë Andorokelïïth, mɛn e ye aluaak, lony bï nom lääu.

Mëlëk e jam eya bï Köör lony, bï dhuk roor.

[1] **aluaak**: në thook kɔ̈k ke Jiëëŋ aye cɔl alony.

[2] **Wë̈t waaric**: Yɔn thɛɛr ciɛɛŋ de Romaai run juëc ke Yecu Këritho ŋot ke kënë dhiëëth, raan e cï keek kuɔ̈m nöök e ye cuat në göl tɔ̈ köör thïn bï yuït kenë yeen. Ye kënë e ye guë̈ër në kɔc juëc lɔ daai cït mɛn ye kɔc guëër të yuït kɔc në gölic ka në pol de kura. Ye lon kän akën bɛn dac kɔ̈ɔ̈c. Aye buŋ de ka cï gɔ̈t cɔl Wikipedia lueel mɛn ke pol yenë kɔc cuë̈t läi ye kɔc cam e tɔ̈ agut cï run ke 200 ke Yecu Këritho cï dhiëëth.

[3] **ciu**: në thook kɔ̈k ke Jiëëŋ aye cɔl **kiu**.

Wëër de Riŋ Biɔl[1] kenë Areu

Yɔn Biɔl e tɔ̈ ku ke nhiɛɛr bï rɔt ya leec enɔŋ läi kɔ̈k, ye lueel mɛn ke cïn lë̈n töŋ cï yeen kan dëëny[2] në kat.

Yɔn cïn en lë̈n cï wë̈tde dhuk nhom, go Biɔl keek thïë̈ëc mɛn nɔŋ en lë̈n töŋ kɔɔr[3] bï wëër kenë yeen në kat[4], bï kë cï lueel tiŋ mɛn ye yic.

Ye jam kän acï Areu piŋ, ku lueel ye bï lɔ kat kenë Biɔl. Yen Areu e ŋë̈ë̈th në yepiɔ̈u[5] mɛn tɔ̈ en ke lëu bï Biɔl dëëny në kat.

Yɔn piŋ Biɔl wë̈t de Areu go dɔl guɔ̈p arëët, jiɛɛm ye wë̈t cï lueel ye lueth pacɔ̈k[6]. Go Areu lë̈k Biɔl ye bï dëëny të le kek kat.

Ye wëër bï Biɔl wëër në kat kenë Areu e cï läi kɔ̈k gam bïk juiir[7], gɔl[8] të bï Biɔl kenë Areu kat ku kaam bï kek riŋ agut të bï yen thök thïn. Ku ke läikë aa cïkë gam bïk cänh bï kat cë̈th thïn ɣoi ku bïk luk teem në kaam de Biɔl kenë Areu. Ku jalkë Biɔl kenë Areu yö ök bïkë kat. Gokë kat yɔn cenë kaaŋ[9] kooth.

Të cï kek kat, ke Biɔl kat ke piɔl arëët, wɛɛn Areu ciëën, bï yet të mec arëët në dhöl riŋ kek thïnic. Ku yɔn liec Biɔl yekö u ku kën[10] Areu tiŋ ke bö në yeköu ciëën, go Biɔl töc bï nin në nïn cekic, ku bï pääc ku ŋot ke bï Areu dëëny.

Ku Areu mɛn e cï döŋ ciëën e lɔ ke riŋ emääth ku cïï kɔn kö öc bï lö ŋ na cak ya yuul tök akën piöu dak, tëëk biäkdïit de dhöl në kaam ŋoot Biɔl ke nin.

Ku na wën lɔ Biɔl pääc të thiääk ke të bï riŋ thök thïn, ke tiŋ Areu ke cï lɔ të cï göölic bï kat thök thïn. Ku yɔn them Biɔl arëët bï Areu dëër[11] ku bï dëëny ke yök ke Biɔl cï guɔ yet tueŋ, cï lɔ të wën cï jiit[12] bï kat thök thïn.

Ku në ye dhöl kän ke Areu acï Biɔl wuɔ ör, tiɛɛm Biɔl në kat.

Luɛlde: raan ye londe looi në piöu ebën e dhiil tiam

Biɔl[1]: yen e lën thiin koor ye ceŋ rokic, ku e duö r thöŋ kenë aŋau.

dëëny[2]: në thook kök ke Jiëëŋ aye cɔl wuöör.

kɔɔr[3]: në thook kök ke Jiëëŋ aye cɔl wïc, göör.

kat[4]: në thook kök ke Jiëëŋ aye cɔl thuny/thuö ny, riŋ.

yepiöu[5]: në thook kök ke Jiëëŋ aye cɔl yepuöu.

pacök[6]: në thook kök ke Jiëëŋ aye cɔl abac.

juiir[7]: në thook kök ke Jiëëŋ aye cɔl guiir.

gɔl[8]: në thook kö k ke Jiëëŋ aye cɔl jɔɔk.

kaaŋ[9]: në thook kö k ke Jiëëŋ aye cɔl tuŋ.

Kën[10]: në thook kök ke Jiëëŋ aye cɔl këc.

dëër[11]: në thook kö k ke Jiëëŋ aye cɔl dööt.

jiit[12]: në thook kö k ke Jiëëŋ aye cɔl giit.

Appendix
(Wët cï mat thïn)

A Church liturgy book in Dinka tells contemporary histories

Atem Yaak Atem

I have a copy of a manual, in Dinka language, for use by the congregation of what used to be known as Anglican Church in Sudan, later to become Episcopal Church of Sudan after the enthronement in 1976 of its first native primate, the Right Rev Bishop Elanana Ngalamu.

The book, which is the subject of this piece carries the title: KITAP DE DUƆR. First, let me present the physical outlook of this antique kind of a book. It is a pocket size hardcover with 332 pages, the last five which are blank. The white lettering is within two rectangular and concentric boxes on a pink background. The spine was broken. It was in recent days when my wife, who after realising the importance of the item, reattached the broken part with glue. The book is now in a better shape even for use. (I sometimes read it to check its language to learn a lot from it: to some extent, it reveals changes in the language and the style in which it was written have undergone over the years. Some of the words have either become rather obsolete or are rarely known to the younger generation of the Dinka speakers born after 1956). It is clear that despite the book having been produced several times over the past years- in England, Egypt and Sudan- none of the impressions has received any noticeable revision.

The book's first two pages and corners are not as crisp white as they used to be during their heyday; they have become an eyesore with yellow smudges and scrapes. That the book has passed through several hands or has been overused by its first or last owner, is in no doubt. Surprisingly, there is no name of the first or subsequent owner(s). In the old days, it was fairly common for people to write their names on the first page whenever they bought or received a book as a gift. The date of the acquisition is not recorded, too. It has always been a custom for a book given as a present to have the name or signature of the giver inscribed. In this book, there is nothing of the sort. So who was the original owner or what was his or her social status? A priest? A school teacher? A student? A civil servant? I have no idea beyond surmising that that person must have been literate in Dinka and a Christian.

How I acquired the book

I have since forgotten some of the details of how I came to acquire the copy. What I can recall is that I bought this copy in 2012 from a corner shop adjacent to Emmanuel Jiëëng Parish Church in Juba.

I had gone there to have a soft drink at the end of a long church service, lasting more than two hours, which I had attended with a congregation in excess of a thousand worshippers. The attendees included some of the high and mighty within the society of South Sudan. When I saw the book among the items that were for sale, I asked the price from a young shop attendant. "One pound", came the answer. When I gave him a ten South Sudanese pounds note, he opened his drawer to return the balance. I took the copy and waved him bye bye.

He was left in disbelief when he saw me leaving and not collecting the balance. For my part, I felt guilty; the book should have been sold for more than I had given him. The man simply did not know the value of the item he was selling to me. He was certainly convinced that the book was just a junk. Had it not been because most practising Christians, especially recent converts, regard and treat scriptures as sacred in themselves like the words they contain he might have thrown the copy into a rubbish bin.

He, like most of his fellow members of the congregation he was proud owner of attractive, new, and large size copies of the New Testament and the *Book of Common Prayers,* bound in false black leather with edges embossed in red and adorned with zippers. The new edition of the *Book of Common Prayers* has hymns composed by South Sudanese lay people and preachers during the last three decades.

The book: a glance at its cover and contents

The title deserves a brief, if a passing, comment. "Kitap de Duɔr" in Dinka[1] literally means "book of worship". "Kitap" (kitaab) is Arabic for book while "duɔr" is Dinka for worship. Something is not right with the spelling of the book's title. The Arabic word should have been the Dinka possessive *"kitam de"* or "the book of".

The Arabic loan word, "kitap" should be "kitam" because a noun in a relationship with a possessive case or an adjective, undergoes a phonogical shift. In this case, phoneme /p/ becomes /m/. Another oversight here is that "duɔr" (duör), the Dinka word for worship, should be "duɔɔr" (duöör). When pronounced, the word has a long breathy /ëë/ not short /ë/.

Book Cover: "Kitap de Duɔr"

It would be completely unfair for anyone to criticise the translators of the day for not using diacritics in their difficult but otherwise excellent job. Modern readers may be prone to forget that the use of symbols that distinguish breathy vowels from non-breathy, which are a recent innovation. This valuable system was introduced in the early 1970s by the Summer Institute of Linguistics (SIL), an American religious organisation that deals with Bible translation and linguistic studies.

Despite the complaint from some members of the older generation of Dinka readers, who consider the symbols as "inelegant and confusing"- probably as an excuse for being unable to get the hung of the novelty- application of diacritics has greatly improved the Dinka orthography, making writing and reading largely precise. The "dots" as they are commonly known, serve as a guide to pronounciation and meaning of marked words or their segments. Previously, a reader would rely on context and commonsense to decide whether, for instance, "riŋ" stood for "rïŋ" (meat) or for "riŋ" (run). Today, that is no longer an issue.

Although there is no subtitle, the book is not a novel or a biography; it is or used to be a manual for senior clergymen (those were the days when the role of women in Church leadership was very marginal).

Printing history

The book's production has a long history. The following are the dates of the years when it was published. The information on the publishers, places and dates are in English and speaks for itself:

(Content page)

KITAP DE DUƆR

KU

LUƆI DE THAKARAMENT

KU

COK KƆK KE LUƆI DE KANITHA

KENE

DIƐT KE DABID

KU

PIOC DE DUKOOR

KU

DIƐT KE DUƆR

(Prayer Book with Hymns, in Dinka, Bor dialect, modified)

LONDON

SOCIETY FOR PROMOTING

CHRISTIAN KNOWLEDGE

1956

(Next page)

Shortened Prayer Book with Hymns: Dinka, Bor dialect [2]

Published in England, 1930

Prayer Book with Hymns: Dinka, Bor dialect

Published in Cairo, 1946

Prayer Book with Hymns: Dinka, Bor dialect, modified [3]

Published in England, 1956. (The additional information is that the publishers (in London) were the Society for Promoting Christian Knowledge).

KITAP DE DUƆR, New Day Publisherd [sic], Khartoum, Sudan, 2001. (New Day Publishers is affiliated to ECS).

The book's final page, 327 (the last five pages are blank), gives the reader the name of a famous and one of the oldest publishing entities (established in 1803) in Britain: MADE AND PRINTED IN GREAT BRITAIN BY WILLIAM CLOWES AND SONS, LIMITED, LONDON AND BECCLES

Church prays for temporal leaders of the time

Members of the younger generation from South Sudan may not be aware that the Church leaders of the day conducted services that included the congregation praying for temporal leaders, who before independence of Sudan were British, Egyptian and Sudanese, the last named group being mostly Muslim. They also prayed, as they do today, for peace, relief from pestilence and mitigation of natural disasters such as drought. Here is an extract typical of such prayers for leaders- civil administrators in particular.

Lɔŋ [löŋ]⁴ de Thudan

Nhialiny nɔŋ riɛr ebɛn [ebën]

ku ye dunyiny [dunyïny] de kaŋ [käŋ]

kedhia, yin [yïn] laŋku [läŋku] ba pinydɛn

de Thudan ya thiei [thieei]. Ku cɔk kɔc tɔ [tö]

ne [në] kɔc nhiim [nhïïm] ne [në] riɛr de Miriida [Mirïïda]

cɔk ke [ke] ye piɔndu [piöndu] kɔɔr

ku pia*th* de kɔc kedhia. Ye Medook [Mëdöök]

thiei [thieei] kene [kenë] Gabanai

kedhia, agut mapatic ku banykuɔk [bänykuɔk] ke Miri [Mirï] kedhia.

This is on page 29.

The title- in bold above- is "Prayer for Sudan". It addresses God, the omnipotent and omniscient to bless "Sudan, our land" and to let leaders in government (*Miri*) do "Your desire" [will] and bless "the Guides"- probably a reference to top leaders such as Governor General- and all Governors (provincial), District Commissioners (*mapatic*) and "all our (traditional) chiefs of the Government".

Prayer for parliamentarians

There is also a prayer called "Lɔŋ [löŋ] ne [në] ɣoot [ɣööt] ke Parliament nyiny [nyïny] wel [wël] or "Prayer for the houses of parliament guided by wisdom". Since the word "ɣööt" as plural of "ɣöt", is used here, this must be referring to the lower House of Representatives and the Senate, which had been established before independence in 1956.

There is also a prayer for the day when people who had been elected to parliament or *"Lɔŋ [löŋ] de akol [aköl] lɔce [lɔcë] kɔc ne [në] Parliamentic"*.

Among other things, the second part of the prayer says the following:

Cɔk ŋɛk ne [në] keyiic ye rɔt puol [puöl] ku tɛɛu [tëëu] tueŋ a piath de raan ebɛn [ebën].

Cɔk tuŋ kedhia mɛt [mët] ku kɔrki [kɔrkï] man [män] yiic bi [bï] kɔc ke Thudan kedhia ceŋ ne [në] dɔɔr [döör] ku miɛt de piɔu [piöu], ku rieu [rïeu] de wuot [wuöt] kɔk [kök] ku piɔn [piön] piath ya yok [yök].

Because the content of this part is important I have had to quote it at length. It goes this way:

> Let everyone among them- the legislators- sacrifice their personal interests and put first the welfare of everybody. Let all the parties seek unity (of purpose) so that the people of Sudan will live in peace and happiness, and be respected by other nations and be of good will.

This is on page 30.

Glossary and endnotes

[1]**The Dinka:** people of South Sudan call themselves *Jiëëng* and their language *Thong de Jiëëng*.

[2] **dialects**: The Dinka language consists of many dialects. Some linguists put the figure at 12. This is an underestimate. For example, the population of the former Bor District alone, speak four main dialects, namely Bor (Gok and Athoc), Twi, Nyarweng and Hol. The status of the dialect spoken by Thany- people living along the Nile from Pariak southeast to Mayen some miles north of Bor town- is debatable; some people say *Thɔny* (Thony), their dialect, is an occupational rather than a "ancestral" tongue. For our purpose here this irrelevant.

Those Dinka dialects committed to written form, mainly scriptures, are Rek, Bor and Padang (Padaang). The last is considered to be a collection of dialects rather than one. Others are Agaar (Agar is the plural, people while the dialect or a person is an Agaar), Rek, Malual, Ciec, Aliab (Aliap), Atuot, Ngok, Abiliang, Ageer, and so forth. This classification should be taken with caution. Disagreement is bound to arise over whether

Padaang is one dialect or a cluster of similar dialects spoken by its constituent members such as Ngok of Upper Nile and the Ngok of Abyei, the Ageer, Abiliang, Ruweng and so on. The list like the one above may be criticised for being either too broad or too narrow. There is no easy way out.

[3] The first missionaries of the Church Missionary Society (CMS) founded their mission at Malek, 11 miles south east of Bor town, in 1905 and built a school the following year. They soon after that began translation of the scriptures into Bor dialect. The leader of that pioneering Christian missionaries of the Gordon Memorial Sudan Mission, was Rev Archdeacon Archibald Shaw.

> From about 1911 Archdeacon A. Shaw took time from his preaching and teaching to supervise the translation of the N.T. (New Testament) into the Bor dialect of Dinka, publishing it book by book during the 1920s and 1930s, some trial editions at least being produced on the mission press at Malek... Philip Anyang Agul, Gordon Apeec Ayom and Daniel Deng Atong were his Dinka co-workers.

From Janet Persson's *In Our Own Languages: The Story of Bible Translation in Sudan*, Paulines Publications Africa, Nairobi, 1997, p12.

Shaw's interactions were mostly with the Guala people, whose area is close to Malek and whose dialect belongs to the Gok (Gɔ̈k) cluster, which is a very close variant of Athoc (Athɔ̈ɔ̈c).

However, the use of the word **"modified"** attached to "Bor dialect" came about after the scriptures, mainly the Book of Common Prayers, the *New Testament* and portions of the *Old Testament* were being used by Christians in the former Rumbek and Yirol Districts. To accommodate some aspects of the dialects spoken in those areas, some changes in spellings of some words were made. Two examples out of those words are: "pia*th*" in which the sound **/th/** glyph is shown in italic, meaning that in Bor dialect as well as Twi and Nyarweng (Hol excluded) the equivalent is not appreciably similar- more of an **/h/** than a **/th/**. The same applies to "cɔk", when it means "let" in English. In Bor and other dialects spoken in the area, a keen listener will not hear the **/k/** sound; but a sound similar to an **/h/, "cɔɣ",** for instance.

It is worth mentioning that while the scriptures, mainly the Bible and the *Book of Common Prayers* written in Bor dialect were used extensively in Rumbek and Yirol areas, a primer, *Buŋ Tueŋ de Cier* (*Buŋ Tueeŋ de Ciëër*), written in Agaar dialect, was taught in all the schools in Bor area as well as in Yirol and Rumbek.

[4] **Words appearing in square brackets** are written to indicate "breathy vowels", which were not in use in those days. Application of diacritics or umlauts, helps in deciphering pronunciation and meaning of a given word. Dinka words appearing in square brackets have been written with diacritics to help in pronunciation and meaning especially in reference to the so called "breathy vowels," which are not in the original text.

[5]***Miri* or *Miir***: this is a foreign word for government. It is said to be Egyptian in origin. (Some Dinka translators prefer this word to Arabic ***akuma*** {*Hukuma*} on the assumption that it is Dinka, rather than a loan word from Egyptian Arabic or Turkish. This is just a speculation).

[6] ***mapatic*, plural *mapatiic***: Dinka corruption of Arabic "*mufatish*" or inspector in reference to a District Commissioner or DC, who in those days wielded great authority over many people and ran large territory unlike today's county commissioner who heads an equivalent of a rural council or mostly inhabited by a clan, not a tribe or a group of tribes.

Pioneering work of writing the language

One of the foreign missionaries who made an immense contribution to the writing and development of literature in the Dinka language was Fr P. A. Nebel, a Catholic priest based in Kuajok of the former Gogrial District. Among his notable works is *Dinka Dictionary* of Rek-Malual dialect, which also contains text and vocabulary. He also wrote *Dinka Grammar* in 1947, followed in 1954 by a primer.

Despite the fact Nebel's books were published over 70 years ago and despite the important advances in linguistics as a science of language study during the intervening years, Nebel's pioneering work in the writing of Dinka language remains considerable and surpasses any work by a single native speaker of any Dinka dialect. His works serve as a point of departure for reserachers and students of Dinka language alike.

To the east of the Nile, Gordon Apeech Ayom, who had worked Archdeacon Shaw on Bible translation into Dinka, was making his pioneering contribution in the writing of Dinka. A talented man with a background in teaching, bureaucracy, church, publishing and journalism, Gordon Apeech, was probably the first person to make written material- other scriptures- available in his native Bor dialect. For instanc, he wrote and published, in Dinka, folkatles collected from all over the former Bor District.

Gordon Apeech Ayom

At the time when travel to distant lands such as Europe was a dream for many Africans, Gordon Apeech visited Britain, first in 1947 and for the second time in 1950. The last sojourn was for study purpose. Gordon was there as a student at the Oriental Languages Intitute in London, where he trained in Arabic, publishing and journalism. (Kuyok, Kuyok Abol, p.163).

The time he spent in England might have inspired him to write *Cath Piiny* (*Cäth Piiny*), a book whose contents were drawn from the history of England, mainly about English kings and their deeds.

Like the rest of the pupils at Malek Elementary School I loved reading the fables and *Cath Piiny*, whose copies were available in the school's library. As Sudan was preparing for independence in the early 1950s, Gordon became a minister in Khartoum and later, a senator after independence in 1956 (Kuyok, ibid).

After the overthrow of the parliamentary system by the army in 1958, Gordon Apeech Ayom, returned to Juba to work again with the Publications Bureau, which produced school material and a popular periodical, *Future* of which he was one of its regular contributors.

Recommended references (Buɔ̈k piath bï ke kueen)

Kuyok, Kuyok Abol, *South Sudan: Notable Firsts*, AuthorHouse, UK, 2015

Malou, Job, *Dinka Vowel System*, the Summer Institute of Linguistics, Inc, and University of Texas at Arlington, 1988.

Lëk Yam, The New Testament in the Dinka Rek language of Sudan, published in 2006 by the Diocese of Wau in cooperation © Bible League.

Pearson, Janet, *In Our Own Language: The Story of Bible Translation in Sudan*, Paulines Publications Africa, Nairobi, 1997.

The Bible in Jieeng de Padang, published as *JAM DE NHIALIC Löŋ Thɛɛr ku Löŋ cï Piac Mac* (*Old Testament and New Testament*), published by the Bible Society in the Sudan, 2011, Khartoum.

Lok Jot de Yecu Kritho, Dinka (Jieŋ, Bor Dialect, New Testament, *New Testament* in Bor, Dialect), United Bible Society of Sudan, Khartoum, 1959

and *Kitap de Duɔ̈ɔ̈r ku Diɛt ke Dabid,* New Day Publishers, Juba, Sudan, 1991.

Pioc de Lek Thɛɛr (Piööc de Lëk Thɛɛr). This book, which is also in Bor dialect, is made up of selected stories from the *Old Testament*. Although this publication is rarely used these days, it is useful for researchers as it was translated almost at the time when *Kitap de Duɔr* was published.

www.ingramcontent.com/pod-product-compliance
Lightning Source LLC
Chambersburg PA
CBHW031301290426
44109CB00012B/681